权威·前沿·原创

皮书系列为

"十二五""十三五""十四五"时期国家重点出版物出版专项规划项目

BLUE BOOK

智库成果出版与传播平台

城市轨道交通蓝皮书
BLUE BOOK OF URBAN RAIL TRANSIT

中国城市轨道交通运营发展报告
（2022~2023）

REPORT ON THE DEVELOPMENT OF URBAN RAIL TRANSIT OPERATION IN CHINA
(2022-2023)

主　编／王先进　　蔡昌俊　　杨新征
副主编／冯旭杰　　卢剑鸿　　胡雪霏

社会科学文献出版社
SOCIAL SCIENCES ACADEMIC PRESS（CHINA）

图书在版编目（CIP）数据

中国城市轨道交通运营发展报告. 2022~2023 / 王
先进，蔡昌俊，杨新征主编. --北京：社会科学文献出
版社，2023.11
　（城市轨道交通蓝皮书）
　ISBN 978-7-5228-2876-3

　Ⅰ. ①中… Ⅱ. ①王… ②蔡… ③杨… Ⅲ. ①城市铁
路-交通运输管理-研究报告-中国-2022-2023 Ⅳ.
①U239. 5

中国国家版本馆 CIP 数据核字（2023）第 214257 号

城市轨道交通蓝皮书
中国城市轨道交通运营发展报告（2022~2023）

主　　编 / 王先进　蔡昌俊　杨新征
副 主 编 / 冯旭杰　卢剑鸿　胡雪霏

出 版 人 / 冀祥德
组稿编辑 / 邓泳红
责任编辑 / 宋　静
责任印制 / 王京美

出　　版 / 社会科学文献出版社·皮书出版分社（010）59367127
　　　　　　地址：北京市北三环中路甲 29 号院华龙大厦　邮编：100029
　　　　　　网址：www. ssap. com. cn
发　　行 / 社会科学文献出版社（010）59367028
印　　装 / 三河市东方印刷有限公司

规　　格 / 开 本：787mm×1092mm　1/16
　　　　　　印 张：19.25　字 数：218 千字
版　　次 / 2023 年 11 月第 1 版　2023 年 11 月第 1 次印刷
书　　号 / ISBN 978-7-5228-2876-3
定　　价 / 158.00 元

读者服务电话：4008918866

《中国城市轨道交通运营发展报告（2022~2023）》编委会

（按姓氏音序排序）

张建平　南京地铁运营有限责任公司董事长

张　军　重庆市轨道交通（集团）有限公司副总经理

张凌翔　上海申通地铁集团有限公司副总裁

成　员　黄建辉　深圳地铁运营集团有限公司总工程师

李　君　北京市地铁运营有限公司运营服务管理部品牌建设总监

刘国平　青岛地铁运营有限公司总经理

刘书浩　交通运输部科学研究院城市轨道交通与轨道交通研究中心轨道交通室主任

卢剑鸿　西安市轨道交通集团有限公司运营分公司总经理

罗元涛　南京地铁运营有限责任公司财务总监

宋利明　广州地铁集团有限公司生产管理部总经理

薛胜超　重庆市轨道交通（集团）有限公司运营管理中心主任

殷　峻　上海申通地铁集团有限公司运营总监

《中国城市轨道交通运营发展报告（2022~2023）》编写组

主　编　王先进　蔡昌俊　杨新征

副主编　冯旭杰　卢剑鸿　胡雪霏

成　员　（按姓氏音序排序）

陈　刚　陈　斯　陈希隽　丁　波　方漫然

胡　湲　黄建辉　黄明才　姜彦璘　李　翀

李晓锋　李振宇　凌松涛　刘红波　马　冰

马宇婷　彭　行　钱曙杰　尚志坚　王冬海

王江涛　殷　俊　张珺婷　郑　懿　周慧敏

朱　波

主要编撰者简介

王先进　经济学博士，研究员，现任交通运输部科学研究院副院长兼总工程师、院学术委员会主任委员、院学报《交通运输研究》主编，全国政协委员、中国城市轨道交通协会副会长兼运营管理专业委员会主任，主要从事交通运输发展战略规划、政策法规和交通文化研究，享受国务院政府特殊津贴。

蔡昌俊　工学博士，教授级高级工程师，现任广州地铁集团有限公司副总经理。全国城市客运标准化技术委员会委员、全国城市轨道交通标准化技术委员会委员、中国电工技术学会轨道交通电气设备技术专业委员会副主任委员、中国城市轨道交通协会运营管理专业委员会副主任。主持"城市轨道交通能馈式牵引供电系统及牵引传动系统研制""城轨交通基于通信的列车控制系统（CBTC）研发"等项目。设计发明"DC1500V 三轨平面布置结构""直线电机径向转向架""无线式站台屏蔽门车地联动控制系统""轨道交通设备质量评估方法"等专利。曾多次获得国家、省、市级科学技术奖项，获评广东省"五一劳动奖章"、广东省十项工程劳动竞赛模范科技工作者等。

杨新征　研究员，现任交通运输部科学研究院城市交通与轨道交通研究中心主任、城市公共交通智能化行业重点实验室主任、全国城市客运标准化技术委员会秘书长、新能源汽车国家大数据联盟理事会副理事长、中国城市轨道交通协会专家和学术委员会委员、中国公路学会青年专家学术委员会委员。参与城市轨道交通运营等行业顶层管理制度的设计与建立，主持和参与国家重点研发计划课题3项、省部级科研项目40项，获中国公路学会（中国交通运输协会）科学进步奖特等奖1项、一等奖2项、二等奖4项，发表决策内参和学术论文30余篇，出版《城市轨道交通运营管理实务》等著作及译著10余部，主编和参编国家标准、行业标准10余项。

　　冯旭杰　工学博士、副研究员，现任交通运输部科学研究院城市交通与轨道交通研究中心总工、"城市轨道交通运营"创新团队领衔专家，兼任中国城市轨道交通协会运营管理专业委员会副主任、全国城市客运标准化技术委员会委员等职务。主要从事城市轨道交通运营管理方法研究与技术研发工作，承担及参与10余项国家级、省部级科技项目，研究成果支撑交通运输部出台多项制度，参与起草10余项标准规范，先后5次获得省部级科学技术奖。

　　卢剑鸿　西安市轨道交通集团有限公司运营分公司副总经理、高级工程师。教育部学位论文评估监测专家库专家、长安大学校外兼职硕士研究生指导教师、中国城市轨道交通协会运营管理专业委员会副秘书长、中国交通企业管理协会绿色智慧交通分会专家库专家、西安市科技专家库专家。长期从事轨道交通运营管理工作，在轨道交通运营管理、车辆管理、客运管理、企业管理等方面有丰富的管理实践经验，曾获省部级创新成果奖 8 项，参编行业标准、地方标准 2 项，主持和参与编写专著 7 部，发表论文 10 余篇，获得国家发明专利、实用新型专利 10 余项。

胡雪霏 交通运输部科学研究院助理研究员，中国城市轨道交通协会运营管理专业委员会秘书，交通运输部"城市轨道交通智慧运营技术"创新团队核心成员。主要从事城市轨道交通运营组织、服务质量管理、人员管理等方向研究。主持和参与完成多项国家重点研发计划项目、交通运输行业重点科技项目，主编和参编国家和行业标准 10 余项，主编和参编《城市客运企业主要负责人和安全生产管理人员安全考核真题解析（城市轨道交通篇）》《中国城市客运年报》等 10 余部著作。

序

2020 年 9 月 22 日，在第七十五届联合国大会一般性辩论上，习近平总书记郑重宣布："中国将提高国家自主贡献力度，采取更加有力的政策和措施，二氧化碳排放力争于 2030 年前达到峰值，努力争取 2060 年前实现碳中和。"实现碳达峰、碳中和，是着力解决资源环境约束突出问题、实现可持续发展的必然选择。交通运输行业是用能大户，也是节能减排的重点领域。

城市轨道交通是现代大城市交通发展的方向。发展轨道交通是解决大城市病的有效途径，也是建设绿色城市、智能城市的有效途径。近年来，我国城市轨道交通持续快速发展，在支撑和引领城市发展、满足人民群众出行、缓解交通拥堵、减少环境污染等方面发挥着越来越重要的作用，已逐渐成为大城市人民群众日常出行的首选交通方式，是城市正常运行的重要保障。虽然城市轨道交通是最具代表性的可持续交通方式，但是从实际运行情况看，由于管理、技术、政策、标准等方面的原因，运营领域还存在不少能源浪费，节能潜力需要进一步挖掘。

本年度蓝皮书将城市轨道交通绿色运营定为主题，其目的是系统梳理国内外城市轨道交通绿色运营方面的政策、标准、方法和技术，分析城市轨道交通在助力"双碳"目标实现方面发挥的作用，研究列车运行、通风空调、照明、车辆基地等绿色节能的影响因素，总结管理方法、技术应用情况并给出实践案例，组织专家对有关内容进行专题研究，以期为行业的绿色节能工作提供有益参考。

本蓝皮书由中国城市轨道交通协会运营管理专业委员会组织，交通运输部科学研究院牵头，上海申通地铁集团有限公司、西安市轨道交通集团有限公司、北京京港地铁有限公司、广州地铁集团有限公司、苏州轨道交通集团有限公司、深圳地铁运营集团有限公司、南京地铁运营有限责任公司、重庆市轨道交通（集团）有限公司、北京交通大学等单位参与了具体章节的编写工作。在编写过程中，广州地铁集团有限公司、西安市轨道交通集团有限公司、重庆市轨道交通（集团）有限公司等单位提供了良好的条件，重庆市轨道交通（集团）有限公司等23个委员单位回复了高质量的调查问卷，在此一并表示衷心感谢。本蓝皮书的主要观点是根据城市轨道交通绿色运营专题调查成果提炼形成，不当之处，还请读者批评指正。

摘　要

　　《中国城市轨道交通运营发展报告（2022～2023）》共分为五个部分，包括总报告、绿色运营篇、节能应用篇、借鉴篇和专家观点篇。

　　根据《交通运输行业发展统计公报》，2022年全国城市轨道交通运营线路292条，运营里程9554.6公里，新增819公里。全年完成客运量、进站量分别为193.1亿人次、116.9亿人次，仍然受到新冠疫情的较大影响。进入2023年，各地城市轨道交通客运量呈现快速恢复态势，截至9月底，全国城市轨道交通客运量已达215亿人次，预计全年客运量将在300亿人次左右，达到历史最高值。2022年，城市轨道交通运营管理体系进一步建立健全，交通运输部组织发布了4项制度以及4项标准规范，北京、上海、重庆等地出台25项地方标准；各地围绕客运服务、行车组织、设施设备管理、可持续发展等方面采取了不少创新性措施，得到乘客的广泛认可，获得多项科技奖励。未来一段时间，管理数字化、服务精细化、运营绿色化仍将是行业发展热点。

　　城市轨道交通是最具代表性的可持续交通方式，目前已有10余项能源管理相关国家标准，13个城市还出台了绿色发展行动方

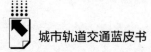
案，深入推进"碳达峰、碳中和"工作。根据调研，城市轨道交通运营主要能耗来自列车牵引能耗、车站及车辆基地动力照明能耗，两者比例在南北方城市差异较大，其他方面占比一般不超过10%。各地城市轨道交通企业普遍将能耗纳入绩效管理，由于各地购电方式和优惠政策不同，各地平均电价也有差异，基本在0.59~0.82元/千瓦·时。

在列车运行绿色节能方面，主要措施包括车辆制造新技术新设备、运行控制技术优化、供电节能技术、信号控制系统优化以及运行组织优化等；在通风空调系统绿色节能方面，主要措施包括优化系统运行时间、开展风水联动节能控制、采用变频技术和磁悬浮冷水机组等；在照明绿色节能方面，主要措施包括更换LED光源灯、优化照明控制策略以及应用智能照明控制技术等；在车辆基地绿色节能方面，除了在列车运行、通风空调、照明等层面部分措施依然适用外，主要措施是充分利用自然资源。另外，各项节能措施的有效性验证离不开能源管理系统的精准计量、统计和分析。针对以上方面的节能措施，国内外已有丰富的实践案例，取得了不少实效，但在经济性、适用性、标准规范、管理制度等方面还有需要完善的地方。

关键词： 城市轨道交通 绿色运营 节能应用

目 录 ↰

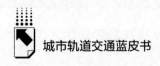

皮书数据库阅读**使用指南**

总报告

General Report

B.1
中国城市轨道交通运营发展
2022年回顾与2023年展望

王先进 杨新征 冯旭杰 胡雪霏*

摘 要： 2022年我国城市轨道交通运营规模持续增长，新增运营里程
819.0公里，线网总规模9554.6公里，车站5597座，全年累
计完成客运量193.1亿人次、进站量116.9亿人次，受新冠疫

* 王先进，经济学博士，研究员，现任交通运输部科学研究院副院长兼总工程师，
主要从事交通运输发展战略规划、政策法规和交通文化研究；杨新征，研究员，
交通运输部科学研究院城市交通与轨道交通研究中心主任，全国城市客运标准
化技术委员会秘书长，主要从事城市轨道交通运营管理等方向研究；冯旭杰，
工学博士，副研究员，现任交通运输部科学研究院城市交通与轨道交通研究中
心总工、"城市轨道交通运营"创新团队领衔专家，主要从事城市轨道交通运
营管理方法研究与技术研发工作；胡雪霏，交通运输部科学研究院助理研究员，
交通运输部"城市轨道交通智慧运营技术"创新团队核心成员，主要从事城市
轨道交通运营组织、服务质量管理、人员管理等方向研究。

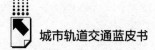

情影响显著。2022年城市轨道交通行业管理体系不断完善，企业管理和技术创新成效不断显现。2022年，城市轨道交通运营管理体系进一步建立健全，交通运输部组织发布了4项制度以及4项标准规范，北京、上海、重庆等地出台25项地方标准；各地围绕客运服务、行车组织、设施设备管理、可持续发展等方面采取了不少创新性措施，受到了乘客的广泛认可，获得了多项科技奖励。未来一段时间，管理数字化、服务精细化、运营绿色化仍将是行业发展热点。

关键词： 城市轨道交通　运营服务　管理创新　技术创新

一　2022年城市轨道交通①发展

（一）运营规模接近1万公里

据交通运输部统计公报，截至2022年底，全国城市轨道交通开通运营线路里程达9554.6公里②，线路292条；新增运营里程

---

① 本报告中所指城市轨道交通根据《城市公共交通分类标准》（CJJ/T114-2007），包括地铁、轻轨、单轨、市域快轨、现代有轨电车、磁浮交通和APM。本报告中的统计数据仅包含中国大陆地区城市轨道交通运营情况，不含中国香港、澳门和台湾地区。本报告主要数据来源为交通运输部《2022年城市客运发展报告》等统计资料，因统计口径不同（交通运输部统计数据不含云巴、智轨、城际铁路等），与中国城市轨道交通协会发布的《城市轨道交通2022年度统计和分析报告》有所差异。

② 据中国城市轨道交通协会统计，截至2022年底，我国（不包括港澳台地区）共有55个城市开通城市轨道交通运营线路308条，运营线路里程10287.45公里，运营车站5875座。

819.0公里，增长率为9.4%；开通城市轨道交通运营城市53个，较2021年底新增南通、黄石2个城市，其中南通开通了地铁，黄石开通了有轨电车。全国开通运营车站总数5597座（换乘站不重复计算）。

从运营线网规模看，上海、北京、广州、深圳、成都、杭州、武汉7个城市的线网规模已达到500公里以上；南京、重庆、青岛3个城市的线网规模位于300~500公里；天津、西安等15个城市的线网规模位于100~300公里（见图1）。2022年杭州、深圳、重庆新增运营里程较多，分别为176.8公里、128.7公里和65.2公里。

（二）客运量和进站量受新冠疫情影响有所下降

2022年，继续受新冠疫情影响，全国城市轨道交通客运量为193.1亿人次，比2021年减少44.2亿人次，高于2020年175.9亿人次。2022年，客运量最大的5个城市分别为广州（23.6亿人次）、上海（22.8亿人次）、北京（22.6亿人次）、深圳（17.5亿人次）、成都（15.7亿人次）（见图2）。广州、上海、北京、深圳、成都5市客运量合计占2022年全国总客运量的比例为52.9%。自2023年以来，各城市轨道交通客运量呈现快速恢复态势，据交通运输部统计，截至2023年9月底，全国城市轨道交通客运量已达到215.1亿人次，超过2022年全年客运量。

与2021年相比，2022年，杭州、哈尔滨、青岛、厦门、佛山、嘉兴、芜湖、洛阳、绍兴、贵阳、福州、文山等城市客运量有所上升，主要原因：一是洛阳、绍兴、嘉兴、芜湖、文山等城市2021年开通时间不满一年；二是杭州、青岛、福州、佛山等城市2022年新开通了城市轨道交通线路；三是哈尔滨等城市2021年存

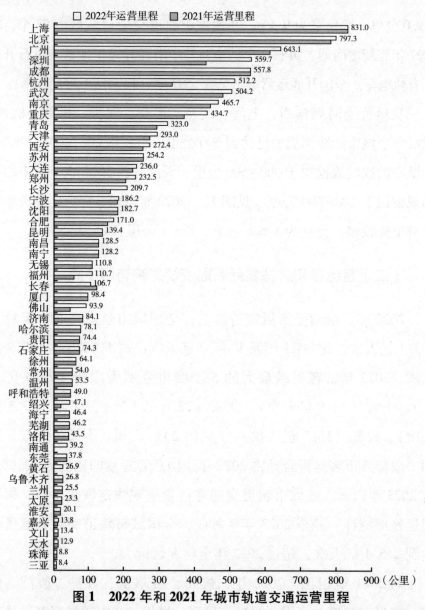

图1　2022年和2021年城市轨道交通运营里程

注：①上海地铁11号线、广佛线、南京地铁S6号线是跨城市运行的城市轨道交通线路，其中上海地铁11号线跨越上海市和昆山市，广佛线跨越广州市和佛山市，南京地铁S6号线跨越南京市和镇江市（句容市）。上述线路的运营里程不做重复统计，分别计入上海市、广州市和南京市。

②2022年数据不包含与社会车辆完全混行的有轨电车。

资料来源：根据交通运输部统计数据整理，图2~图5、图8~图11、图13资料来源同此。

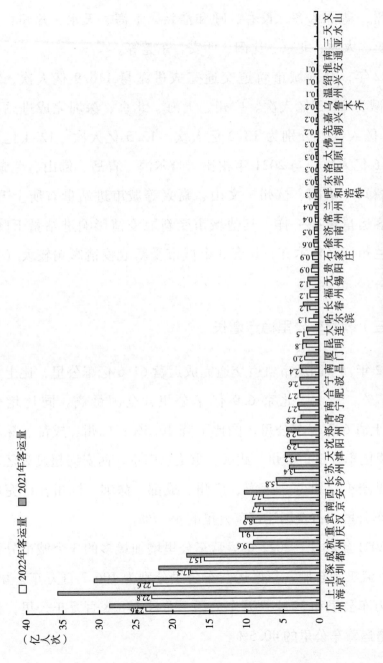

图 2 2022 年和 2021 年城市轨道交通客运量

在线路暂停运营的情况。2022 年客运量受新冠疫情影响较大的城市有兰州、乌鲁木齐、长春、呼和浩特、上海、天水、郑州、天津、三亚、太原、北京、沈阳、西安、东莞等。

2022 年，全国城市轨道交通完成进站量 116.9 亿人次，比 2021 年减少 28.3 亿人次。广州、上海、北京、深圳完成进站量超过 10 亿人次，分别为 13.2 亿人次、12.5 亿人次、12.4 亿人次、10.6 亿人次。与 2021 年相比，哈尔滨、青岛、佛山、芜湖、厦门、绍兴、洛阳、杭州、文山、嘉兴等城市进站量有所上升，原因与客运量情况一样。其他城市受新冠疫情影响进站量下降。其中，兰州、乌鲁木齐、长春 3 个城市受新冠疫情影响较大（见图 3）。

（三）运营车公里稳定增长

2022 年，全国城市轨道交通完成运营 61.6 亿车公里，比上年增长 7.7%。其中，北京 6.9 亿车公里，全国最高，同比增长 3.7%；上海 6.3 亿车公里，同比下降 10.5%；广州、成都、深圳均超过 4 亿车公里；杭州、武汉、重庆、南京、西安均超过 2 亿车公里（见图 4）。北京、上海、广州、成都、深圳、杭州合计完成 30.6 亿车公里，占全国运营车公里的 49.7%。

与 2021 年相比，2022 年运营车公里增加最多的 3 个城市分别为杭州、武汉和合肥，新增运营车公里分别为 106.3 百万车公里、40.1 百万车公里和 32.4 百万车公里，总计 178.8 百万车公里，占全年新增运营车公里的 40.5%。

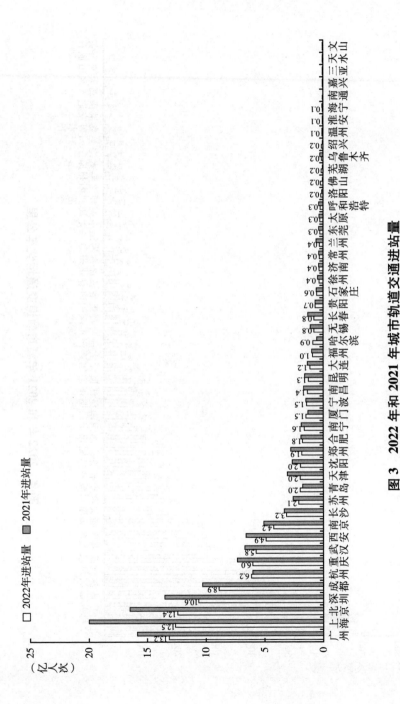

图 3　2022 年和 2021 年城市轨道交通进站量

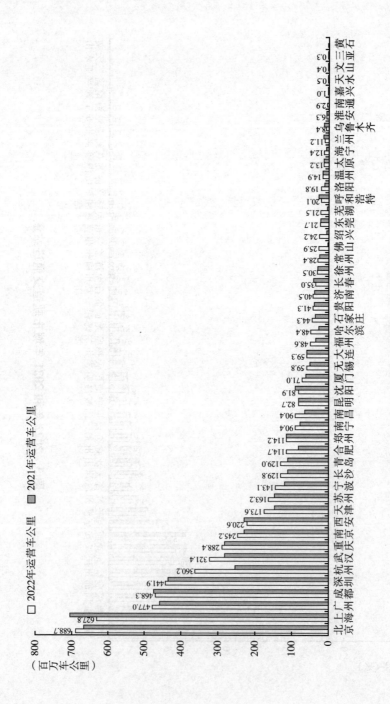

图4 2022年和2021年城市轨道交通运营车公里

（四）配属列车数突破10000列

2022年，全国城市轨道交通共计配属列车10734列，比上年增加860列，增长8.7%。配属列车数超过1000列的城市有2个，分别为上海（1195列）和北京（1187列），成都、深圳、广州配属列车数均超过600列，武汉、杭州配属列车数均超过500列（见图5），上述7个城市配属列车数占全国的51.8%。

与2021年相比，2022年，配属列车数增长最多的3个城市分别为杭州、深圳和重庆，新增配属列车数分别为161列、110列和67列，合计占全年新增配属列车数的39.3%。

二 城市轨道交通运行基本情况

（一）不同线路客运强度参差不齐

2022年，全国城市轨道交通线路平均客运强度为0.56万人次/公里日①。其中，地铁线路的平均客运强度为0.64万人次/公里日。客运强度超过0.7万人次/公里日的共75条线路，占地铁线路总数的33.9%；超过0.4万人次/公里日的共133条线路，占地铁线路总数的60.2%（见图6）。客运强度最高的是广州地铁1号线3.41万人次/公里日，其后依次是广州地铁2号线2.50万人次/公里日、广州地铁5号线2.47万人次/公里日、西安地铁2号线2.08万人次/公里日、

---

① 根据全国263条线路客运强度平均值计算得出，其他29条线路数据缺失。

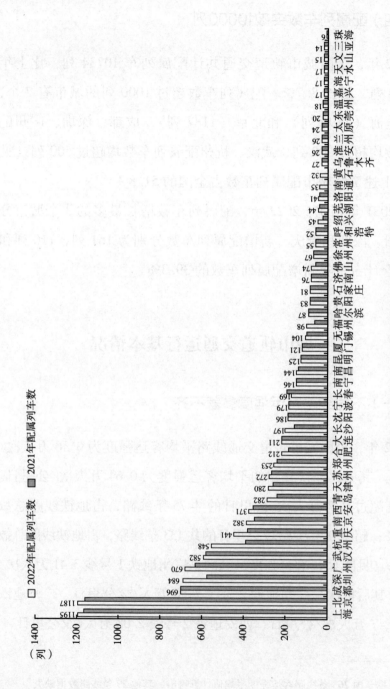

图 5 2022 年和 2021 年城市轨道交通配属列车数

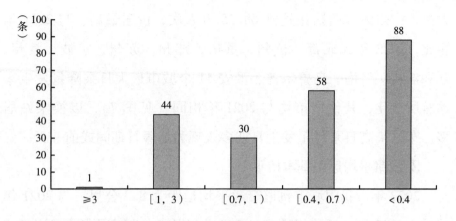

图6　2022年地铁线路客运强度分布

注：横轴单位为万人次/公里日。

资料来源：根据中国城市轨道交通协会统计数据整理，图7、图12资料来源同此。

广州地铁3号线及支线2.07万人次/公里日、上海地铁1号线1.94万人次/公里日、广州地铁8号线1.87万人次/公里日、深圳地铁1号线1.80万人次/公里日、北京地铁5号线1.80万人次/公里日和深圳地铁5号线1.75万人次/公里日。

轻轨线路方面，2022年平均客运强度为0.13万人次/公里日，其中最高的线路为长春轻轨4号线0.25万人次/公里日，最低的线路客运强度不足0.05万人次/公里日。有轨电车线路方面，2022年平均客运强度为0.05万人次/公里日，其中最高的线路为北京西郊线0.16万人次/公里日，大部分线路客运强度不足0.1万人次/公里日。

（二）部分车站部分时段较为拥挤

2022年，广州、上海2个城市的车站最大日乘降量超过50万人次，广州体育西路站达到 68.25 万人次，位居最高。与 2021 年相比，2022 年，成都、杭州、重庆、郑州、苏州、宁波、兰州、呼和浩特、济南、乌鲁木齐、淮安 11 个城市最大日乘降量发生车站有所变化，其他城市均与 2021 年相同（见图 7），以换乘站居多。车站最高日乘降量发生日期多表现为节假日期间或前一天。

3. 线路平均运距基本持平

2022 年，我国城市轨道交通平均运距为 8.3 公里，与 2021 年持平。2022 年，运营规模超过 500 公里的 7 个城市平均运距为 8.8 公里，其中最高的为上海（11.1 公里）；运营规模介于 300~500 公里的 3 个城市平均运距为 9.0 公里，其中最高的为青岛（10.2 公里）；运营规模介于 100~300 公里的 15 个城市平均运距为 7.2 公里，其中最高的为大连（10.9 公里）；运营规模小于 100 公里的 26 个城市平均运距为 8.7 公里，其中最高的为绍兴（30.4 公里）（见图 8）。

4. 乘客平均出行距离

2022 年，我国城市轨道交通乘客平均出行距离为 11.2 公里，与 2021 年基本持平。2022 年，运营规模超过 500 公里的 7 个城市的乘客平均出行距离为 14.6 公里，其中，最高的为上海（20.1 公里）；运营规模介于 300~500 公里的 3 个城市的乘客平均出行距离为 14.4 公里，其中，最高的为南京（14.7 公里）；运营规模介于 100~300 公里的 15 个城市的乘客平均出行距离为 10.0 公里，其中，最高的为大连（13.5 公里）；运营规模小于 100 公里的 26 个城市的乘客平均出行距离为 10.6 公里，其中最高的为海宁（25.7 公里）（见图 9）。

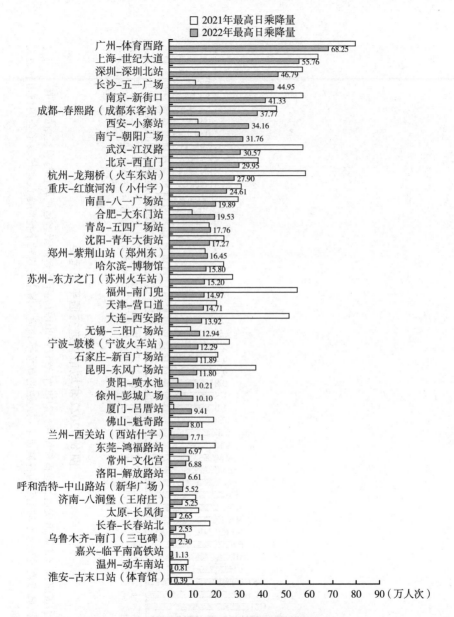

图7 2022年与2021年各市最高日乘降量车站

注①图中括号前为2022年、括号内为2021年城市最高日乘降量发生车站，若2022年与2021年相比最高日乘降量发生车站未发生变化，图中未进行特别标注。

②乘降量指城市轨道交通运营车站为乘客提供进站、换乘、出站服务的总人次。

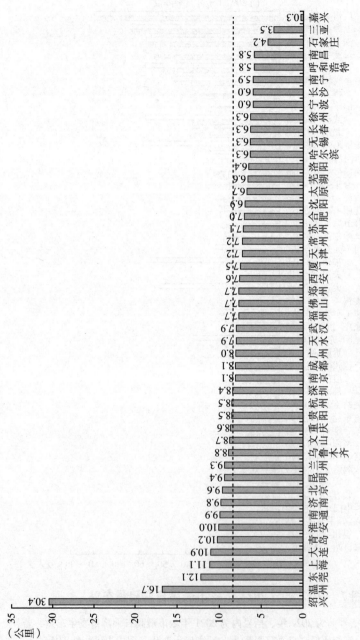

图 8 2022 年城市轨道交通平均运距

注：①按照《城市轨道交通运营指标体系》（GB/T 38374-2019），平均运距指客运周转量与客运量的比值。图中与横轴平行行的虚线即代表了全国城市轨道交通平均运距。

②全国城市轨道交通平均运距为各城市平均运距的算数平均值。

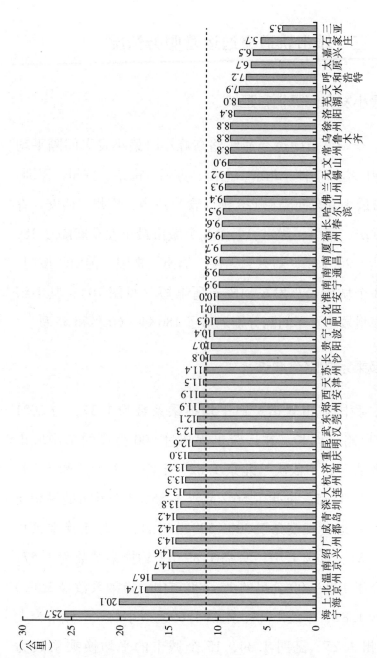

图9 2022年城市轨道交通乘客平均出行距离

注：①乘客平均出行距离指客运周转量与进站量的比值。

②全国城市轨道交通乘客平均出行距离为各城市乘客平均出行距离的算术平均值。图中与横轴平行的虚线即代表了全国城市轨道交通乘客平均出行距离。

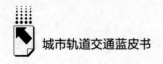

三 城市轨道交通运营服务情况

（一）最小发车间隔稍有延长

2022 年，全国城市轨道交通线路高峰小时最小发车间隔平均为 292 秒，同比增加 4 秒。北京、上海、苏州、南京、杭州、深圳、成都 7 个城市最小发车间隔在 120 秒（含）以内，广州、西安、青岛、武汉、重庆、厦门、郑州、天津 8 个城市最小发车间隔在 180 秒（含）以内。2022 年，绍兴、无锡、福州、贵阳、佛山、厦门、苏州、徐州 8 个城市最小发车间隔有所缩短（见图 10），其中绍兴、无锡、福州最小发车间隔分别缩短了 180 秒、60 秒和 55 秒。

（二）换乘系数略有增长

2022 年，我国城市轨道交通平均换乘系数为 1.37，与 2021 年的 1.35 相比略有增长。在运营里程超过 500 公里的 7 个城市中，换乘系数从大到小依次是北京 1.82、上海 1.82、广州 1.79、成都 1.77、深圳 1.65、杭州 1.56、武汉 1.55，7 个城市的平均换乘系数为 1.71；运营规模介于 300~500 公里的 3 个城市换乘系数分别是南京 1.81、重庆 1.51、青岛 1.39，平均换乘系数为 1.57；在运营规模介于 100~300 公里的 15 个城市中，换乘系数最大的 3 个城市为长沙 1.81、宁波 1.75、南昌 1.69，最小的 3 个城市为大连 1.24、福州 1.25、昆明 1.34，15 个城市的平均换乘系数为 1.53（见图 11）。

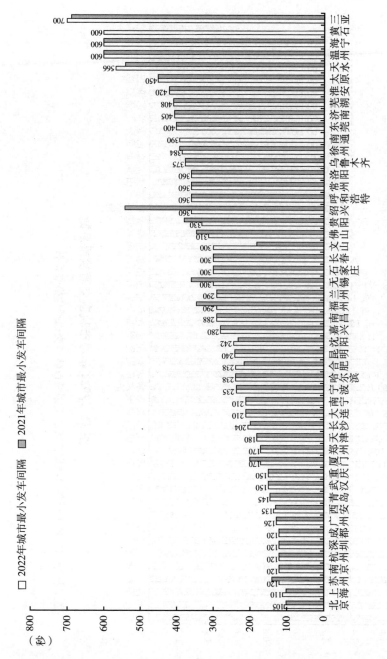

图10 2022年和2021年各城市最小发车间隔

注：①最小发车间隔平均值计算方法为各城市最小发车间隔取算术平均值。
②按照《城市轨道交通运营指标体系》（GB/T 38374—2019），最小发车间隔指正常运营情况下同一线路的相邻两列同向列车驶离起点站的时间间隔的最小值。

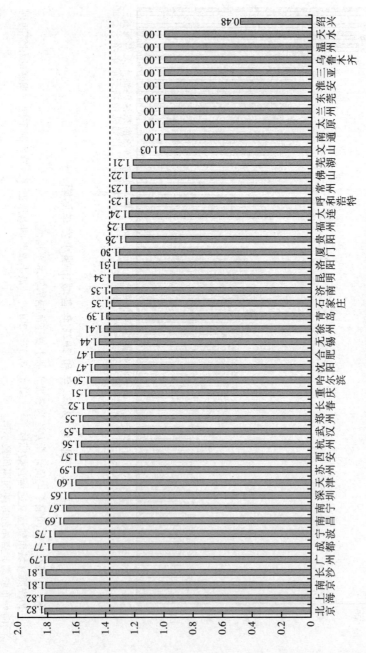

图11 2022年城市轨道交通换乘系数

注：图中与横轴平行的虚线即代表了全国城市轨道交通平均换乘系数。

（三）平均旅行速度有所提升

2022 年，我国城市轨道交通线路平均旅行速度为 36.48 公里/时（见图 12），与 2021 年基本持平。其中，成都 18 号线（96.4 公里/时）、广州 18 号线（94.5 公里/时）、南京市域快轨 S9 线（87.4 公里/时）、嘉兴杭海线（68.6 公里/时）、广州 14 号线（68.3 公里/时）位列前 5（上海磁悬浮线、北京大兴机场线未计入）。地铁线路中，东莞（53.3 公里/时）、成都（44.6 公里/时）、佛山（44.2 公里/时）、广州（44.1 公里/时）和济南（41.9 公里/时）位列城市地铁平均旅行速度的前 5 位。

（四）列车服务可靠度明显提升

2022 年，有 4 个城市列车服务可靠度超过 50 百万车公里/件（见图 13），8 个城市列车服务可靠度不足 1 百万车公里/件。分运营规模来看，运营里程超过 500 公里的 7 个城市中，较高的三个城市为杭州、成都和北京；运营里程在 300~500 公里的 3 个城市中，较高的为青岛；运营里程在 100~300 公里的 15 个城市中，较高的为无锡、合肥，均超过 50 百万车公里/件；运营里程小于 100 公里的 26 个城市中，较高的三个城市为厦门、哈尔滨和东莞。

四　城市轨道交通运营管理制度及标准化建设

（一）国家层面

制度方面，2022 年交通运输部先后实施《城市轨道交通信号

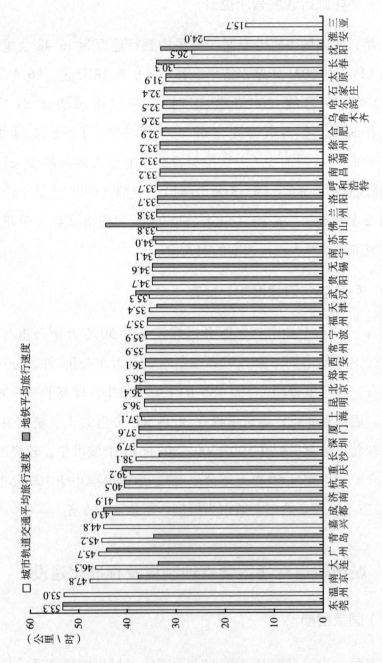

图 12　2022 年各城市轨道交通和地铁平均旅行速度

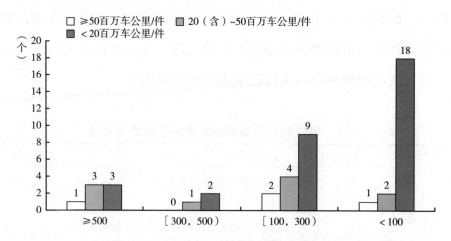

图13 2022年城市轨道交通列车服务可靠度分布情况

注：横轴数据的单位为公里。

系统运营技术规范（试行）》（交办运〔2022〕1号）、《城市轨道交通自动售检票系统运营技术规范（试行）》（交办运〔2022〕27号）、《地铁车辆运营技术规范（试行）》（交办运〔2022〕84号）等技术文件，明确了信号系统、自动售检票系统、车辆等关键设备安全功能需求、性能要求及其人机界面显示规范，切实将安全和服务需求贯穿设备系统设计、制造、安装和运营全过程，从源头夯实安全基础。

此外，为落实《中华人民共和国安全生产法》，交通运输部实施《城市客运企业主要负责人和安全生产管理人员安全考核管理办法》（交运规〔2022〕9号）及其配套基础题库，明确了城市轨道交通运营单位主要负责人和安全生产管理人员的安全考核程序、考核大纲和基础题库，指导各地有序实施考核工作，严把人员安全能力关。为方便城市轨道交通领域学习安全知识及题库，交通运输部科学研究院开发了"城市轨道安全考核学习"微信小程序，具备题库练习、模拟考试、错题查看等功能，供主要负责人和安全生产管理人员免费使用。具体政策出台情况见表1。

表1 2022年交通运输部发布的运营管理政策

序号	文号	文件名称	发布时间
1	交办运〔2022〕1号	《城市轨道交通信号系统运营技术规范（试行）》	2022-01-14
2	交办运〔2022〕27号	《城市轨道交通自动售检票系统运营技术规范（试行）》	2022-05-27
3	交办运〔2022〕84号	《地铁车辆运营技术规范（试行）》	2022-12-30
4	交运规〔2022〕9号	《城市客运企业主要负责人和安全生产管理人员安全考核管理办法》	2022-10-31
5	交办运函〔2022〕1688号	《城市客运企业主要负责人和安全生产管理人员安全考核基础题库》	2022-11-20

标准方面，全国城市客运标准化技术委员会组织完成《城市轨道交通客运服务规范》（GB/T 22486-2022）、《城市轨道交通线网综合应急指挥系统技术要求》（GB/T 41594-2022）2项国家标准，以及《城市轨道交通运营应急能力建设基本要求》（JT/T 1409-2022）、《城市轨道交通接驳设施技术要求》（JT/T 1410-2022）2项行业标准发布实施。

另外，交通运输部科学研究院联合北京、上海、广州、深圳、重庆、成都、天津、南宁等地运营单位发布《城市轨道交通智慧车站评价指南》白皮书，为各地城市轨道交通运营车站智慧化程度评价提供技术参考。

（二）地方层面

制度方面，2022 年北京、石家庄、佛山、上海、西安、温州、苏州等城市出台城市轨道交通运营管理相关政策和管理制度文件 9 个，包括运营安全管理、风险分级管控与隐患排查治理、运营服务等方面，具体见表2。

表2　2022 年发布的城市轨道交通运营领域地方政策

序号	文号	城市	文件名称	发布时间	实施时间
1	石政规〔2022〕3 号	石家庄市	《石家庄市轨道交通运营安全管理办法(试行)》	2022-12-17	2022-12-17
2	京交设施发〔2022〕15 号	北京市	《北京市城市轨道交通设施设备改造工程安全生产监督管理暂行办法》	2022-06-17	2022-06-17
3	佛轨道通〔2022〕64 号	佛山市	《佛山市城市轨道交通乘客守则》	2022-07-01	2022-08-15
4	佛轨道通〔2022〕71 号	佛山市	《佛山市城市轨道交通运营服务规范》	2022-08-05	2022-10-01
5	佛轨道通〔2022〕45 号	佛山市	《城市轨道交通工程安全风险分级管控和隐患排查治理工作实施细则(试行)》	2022-05-19	2022-07-01
6	上海市人民政府令第 62 号	上海市	《上海市轨道交通运营安全管理办法(修正)》	2022-01-24	2022-03-01
7	—	西安市	《西安市城市轨道交通条例(修正)》	2022-08-31	2022-09-29
8	温交〔2022〕6 号	温州市	《温州市交通运输行政处罚裁量基准(城市轨道交通)》	2022-01-28	2022-01-28
9	—	苏州市	《苏州市轨道交通条例(修正)》	2022-10-12	2023-01-01

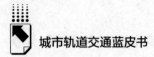

标准方面，2022 年北京、上海、重庆、河北、山东、江苏、广西、陕西等省（自治区、直辖市）出台城市轨道交通运营管理相关地方标准 25 项，涵盖 AFC 系统线网技术要求、设施检测、能耗、客运组织、票务管理、风险评估等内容，具体见表 3。

表 3 2022 年发布的城市轨道交通运营领域地方标准

序号	标准编号	地区	标准名称	发布时间	实施时间
1	DB13/T 5519.1–2022	河北省	《轨道交通 AFC 系统线网技术要求第 1 部分:系统结构及功能》	2022-02-28	2022-03-31
2	DB13/T 5519.2–2022	河北省	《轨道交通 AFC 系统线网技术要求第 2 部分:终端与专用设备》	2022-02-28	2022-03-31
3	DB13/T 5519.3–2022	河北省	《轨道交通 AFC 系统线网技术要求第 3 部分:读写器应用》	2022-02-28	2022-03-31
4	DB13/T 5519.4–2022	河北省	《轨道交通 AFC 系统线网技术要求第 4 部分:系统结构及功能》	2022-02-28	2022-03-31
5	DB13/T 5519.5–2022	河北省	《轨道交通 AFC 系统线网技术要求第 5 部分:票卡应用》	2022-02-28	2022-03-31
6	DB13/T 5519.6–2022	河北省	《轨道交通 AFC 系统线网技术要求第 6 部分:数据传输》	2022-02-28	2022-03-31
7	DB13/T 5519.7–2022	河北省	《轨道交通 AFC 系统线网技术要求第 7 部分:数据接口》	2022-02-28	2022-03-31
8	DB11/T 1988-2022	北京市	《城市轨道交通线路设施检测技术规范》	2022-06-21	2022-10-01

序号	标准编号	地区	标准名称	发布时间	实施时间
9	DB11/T 2045-2022	北京市	《城市轨道交通牵引能耗额及计算方法》	2022-12-27	2023-04-01
10	DB11/T 2009.1-2022	北京市	《城市轨道交通综合无线通信系统技术规范 第1部分:总体要求》	2022-09-29	2023-01-01
11	DB37/T 4551-2022	山东省	《城市轨道交通车辆段运作规范》	2022-11-04	2022-12-04
12	DB37/T 4552-2022	山东省	《城市轨道交通接触轨安全规范》	2022-11-04	2022-12-04
13	DG/TJ 08-104-2022	上海市	《城市轨道交通专用无线通信系统技术标准》	2022-08-08	2022-12-01
14	DG/TJ 08-1101-2022	上海市	《城市轨道交通自动售检票系统通用技术规范(修订)》	2022-10-25	2023-03-01
15	DBJ50/T-432-2022	重庆市	《轨道交通列车控制系统(CQTCS)标准》	2022-12-15	2023-03-01
16	DB45/T 2523-2022	广西壮族自治区	《城市轨道交通运营安全管理规范》	2022-06-24	2022-07-30
17	DB45/T 2526-2022	广西壮族自治区	《城市轨道交通变电所运行检修规程》	2022-06-24	2022-07-30
18	DB45/T 2527-2022	广西壮族自治区	《城市轨道交通消防设备设施维保检测规程》	2022-06-24	2022-07-30
19	DB45/T 2620-2022	广西壮族自治区	《城市轨道交通信号设备维修规程》	2022-12-01	2022-12-30
20	DBJT45/T 041-2022	广西壮族自治区	《城市轨道交通票务管理指南》	2022-12-30	2023-01-31
21	DBJT45/T 043-2022	广西壮族自治区	《城市轨道交通调度组织指南》	2022-12-30	2023-01-31

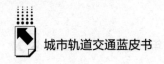
续表

序号	标准编号	地区	标准名称	发布时间	实施时间
22	DB61/T 1615—2022	陕西省	《城市轨道交通换乘车站客运组织管理指南》	2022-10-12	2022-11-12
23	DB61/T 1529—2022	陕西省	《城市轨道交通社会稳定风险评估规程》	2022-04-19	2022-05-19
24	DB32/T 4320—2022	江苏省	《城市轨道交通全自动运行线路初期运营前安全评估技术规范》	2022-08-23	2022-09-23
25	DB32/T 4351—2022	江苏省	《城市轨道交通结构安全保护技术规程》	2022-09-16	2022-10-16

五 城市轨道交通运营创新

2022年，在客运服务、行车组织、设施设备管理和可持续发展方面，我国城市轨道交通企业围绕品牌建设、适老化服务、灵活行车组织、能源管理以及节能改造等方面进行了多元化实践和探索。

（一）客运服务

1. 推进品牌建设，优化服务举措

品牌是高质量发展的重要象征，是企业乃至国家竞争力的综合体现。树立成功的品牌形象，是提高品牌竞争力、促进品牌可持续发展的重要一环。2022年，我国各城市轨道交通运营企业，积极推进品牌建设，优化服务举措。西安市轨道交通集团紧扣智慧交通

发展，着眼美好出行大局，提出"Ai 畅行"的服务品牌，创新建立了 Ai 服务、Ai 形象、Ai 科技、Ai 保障、Ai 团队、Ai 城市、Ai 生活"七位一体"的服务优质供给策略，不断满足市民乘客日益增长的美好出行愿望。2022 年围绕"Ai 畅行"开展让爱先行、文明出行、微笑随行等 10 个系列 36 项服务提升活动，活动聚焦孕妇、残疾人、儿童、考生等细分人群，创新推出爱心手环、糖来糖往、静音出行、长安 E 径等服务亮点，关爱特殊群体乘客，改善适老化出行环境，持续提升现场服务水平，塑造优质服务品牌形象。

苏州轨道交通集团助力苏州市"江南文化"品牌建设，打造"乘着地铁游苏州"特色 IP，策划系列活动，以"遇见"文化节等大型营销活动为载体，将绿色出行理念与江南文化底蕴根植其中，通过护照打卡等热门网红活动方式，吸引广大市民乘客体验具有苏州特色的绿色出行线路，实现地铁引流与文化传播的双赢，建设江南文化最美宣传窗口。

青岛地铁集团 2022 年以建设人民满意的地铁为出发点和落脚点，以精准管理、精心服务、精益增彩、精美体验的"四精"主线，制定了《2022 年青岛地铁服务品牌提升工作方案》，从打造品牌车站、提高品牌声量、擦亮品牌名片等全方位多角度打造青岛地铁服务品牌。

2.持续提升适老化服务水平

城市轨道交通适老化服务体现在日渐完善的盲道、各站点中的无障碍卫生间、楼梯扶手上完整的盲文信息等，方便了残障人士、老年群体的日常出行。

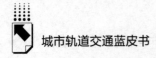

2022 年，北京京港地铁开展了多项涉及适老助残的服务改善。丰富车站导向标识体系，增强重点运营信息的提示效果，如放大车站出入口编号标识，优化车厢"爱心专座"标识，在站台候车处增设爱心候车标识，便于乘客寻找和使用；在楼梯栏杆扶手上增设盲文共计267处，邀请盲人协会体验并提出建议；同时新建盲道6000米，实现了每个出入口进站、出站乘车路线盲道的全覆盖；在所辖车站设置无障碍卫生间并安装招援设备方便乘客联系工作人员。同时，秉承"以客为先"的服务理念，京港地铁持续加深与社区、盲人协会、残联等机构沟通，并不断开展各类适老助残活动，为老年及残障乘客提供更为优质的服务；此外，乘客可通过京港地铁官网、微信等渠道查询车站无障碍设备设施，享受更便捷的出行体验。

苏州轨道交通集团利用苏e行App推出"关怀模式"，聚焦老年人安全出行等生活需求，升级"爱心救助""附近AED"等功能，着力解决老年人在智能技术方面遇到的困难，为老年用户提供更加贴心的安全出行服务。在用户进入爱心救助页面后，在已开启定位的情况下，将展示用户当前位置和附近200米标志性建筑位置；页面新增呼叫120、呼叫地铁客服功能，用户点击即可进入呼叫页面。附近AED功能是指设置"查看有AED的站点"按钮，用户点击后可以获取最近站点的AED设施位置。

（二）行车组织

1. 优化首班车发车车站，提升服务效率

为更好地提升服务水平，济南轨道交通集团根据线路特性，结合乘客的出行规律，选择部分重点车站作为首班车发车车站，并编

制了专项运行图。每日运营开始前，调度人员提前将多辆列车组织在线路首末站及中途的多个站台，并根据列车运行图中首班车的发车时刻组织同时发车。这些重点车站的选择在一定程度上保证了线路被均匀地划分为若干区域，以确保每一个区域的乘客可以较快速度完成乘车和换乘，节约了候车时间。

2. 采用"单向+定点"的行车组织方式

西安地铁3号线运营线路长，包含地下车站、高架车站，且地下区段与高架区段客流严重不均衡。在已经采取大小交路混跑的情况下，早高峰期间的小交路部分区段客流潮汐分布特征仍未得到有效缓解，上下行断面客流差距在一半以上。单纯地压缩行车间隔，在用车需求上已难以满足，且受鱼化寨停车场停放能力及鱼化寨站折返能力限制，无法持续压缩行车间隔。鉴于此，3号线采用"单向+定点"的行车组织方式。一是以15分钟为最小时间单元，分析上下行断面客流情况，在高峰时段的基础上，仅在下行方向增加近1小时的早超高峰时段。为匹配运力，结合车辆段的发车优势及香湖湾小交路折返情况，运行图内实现了下行的单向加开，有针对性地解决了客流潮汐分布的问题。二是在该区段相邻的北池头存车线常态化安排1列备用车，针对2级及以上大客流响应或突发大客流响应，定点加开至大客流车站大雁塔站或小寨站进行载客，5分钟内可有效缓解车站客流压力。该方式以客流数据的精细化分析为依据，深度结合了线路特性及相应配置能力，实现了同一线路不同方向、不同区段、不同峰期、不同运力的精确匹配。38公里的运营线路将最小行车间隔压缩至2分15秒的同时，图定上行列车数量压缩至43列，做到了增效节能（见图14）。

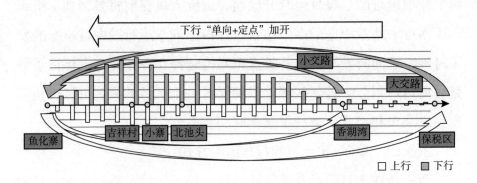

图14　西安地铁3号线"单向+定点"的行车组织方式示意

（三）设施设备管理

1. 创新能源管理手段，强化绿色低碳技术攻关

青岛轨道交通集团提出"能耗双控、梯度管理、全面覆盖"能耗指标管控原则，在传统单一能耗指标的基础上，构建出三大类11项的运营能耗定额指标体系；结合车站区域、类型、客流量等特点，编发"节能降碳一站一案"范本，规范设备运行模式、办公生活电器使用标准，实现精细化、差异化用能管控，实现2022年空调季线网车站日均动照电耗有较大程度下降。此外，持续推进节能新技术试点应用，在3号线万年泉路站完成国内城轨行业首台全自主知识产权的飞轮储能装置成功挂网，完成3号线海尔路站、万年泉路站新型能管系统上线运行，多点发力抢占"绿色革命"制高点。同时推进光伏改造项目落地实施，组建运营公司光伏改造专项工作组，深入研究3号、11号线光伏改造项目实施方案，及时跟进电价政策，完成项目招标实施。

2. 车载信号专业运用大数据手段，改革设备维护模式

西安地铁9号线车载信号专业对传统的设备维护模式进行了改革，即传统设备运维模式+大数据维护模式，使设备维护更加全面、深入，显著降低设备故障率，主要包括以下方面。

（1）设备档案管理

为有效管理硬件设备，建立了电子化设备管理台账，即对每列车的信号板卡以编码形式建立原始档案库。这种设备管理上的变化，一是可以对每一列电客车的车载信号原始板卡高效追踪溯源，当板卡因故替换后，同样可以完成故障板卡以及新替换板卡的追踪溯源；二是当同类型板卡频发故障时，可通过数据库对该类型板卡进行系统化的规律摸排，提前预判其他列车同批次板卡使用状态情况，以便提前避免故障发生；三是设备板卡的基础数据链完整，方便对比每列车设备板卡运行性能状态情况，通过运行状态及该列车相关板卡使用替换情况研判其综合性能，便于提前预防硬件类故障。

（2）设备维护深入

为预防软件类隐患，每天对当日上线列车的行车日志进行下载保存归类整合，利用大数据平台分析重点项目，通过对单个设备不同时间的数据对比、多个同类设备的数据对比，发挥大数据作用，得出其性能变化趋势，高效率、及时精准地发现潜在隐患并采取相应预防措施。

（四）可持续发展

1. 开展碳排放权交易

自2016年起，深圳地铁集团持续参与深圳市开展的碳排放权

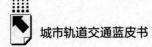

交易试点工作，每年均能顺利完成碳排放履约工作。2021 年碳排放配额 171.17 万吨，实际碳排放量为 153.42 万吨，履约后盈余 17.75 万吨，盈余的碳排放配额在深圳市碳排放权交易市场中出售，平均成交单价 50.03 元/吨，获得现金收益 888 万元。

2. 推动设施设备节能改造

重庆市轨道交通（集团）有限公司持续推动设施设备节能改造工作。一是 1 号线马家岩车场室外路灯照明节能改造，完成 60 盏 LED 路灯总成节能照明更换。一年可节省约 1.3 万千瓦·时电。二是高庙村主所公共过道区域照明灯具节能改造，完成 28 盏节能感应照明更换。一年可节省超过 2000 千瓦·时电。三是通过对控制中心走廊、电梯前室、卫生间等位置照明，采用 LED 灯替换、红外人体可调感应开关与原按键面板相结合达到节能目标，共计改造灯具 500 余套，一年可节省 3 万千瓦·时电。

（五）科技奖励情况

2022 年，我国城市轨道交通行业获得多项省（自治区、直辖市）科技奖励，主要集中在城市轨道交通智慧运营、智能运维、绿色运营、行车组织、票务管理等方面，具体如表 4 所示。

表 4　2022 年城市轨道交通运营领域科技奖励获奖情况

序号	项目名称	奖励名称	奖励级别	第一获奖单位
1	基于云平台的轨道交通智慧关键技术研发与应用	2022 年度北京科学技术进步奖	二等奖	北京城建集团有限责任公司

序号	项目名称	奖励名称	奖励级别	第一获奖单位
2	超大城市交通视觉大数据高效表达与运行决策关键技术与应用	2022年度北京科学技术进步奖	二等奖	北京工业大学
3	轨道交通全自动列控系统互联互通的关键技术与装备产业化	2022年度上海市科技进步奖	二等奖	上海申通地铁集团有限公司
4	轨道交通车地无线通信智能运维关键技术及应用	2022年度上海市技术发明奖	二等奖	上海应用技术大学
5	智能化绿色城市轨道交通移动装备关键技术研究及应用	2022年度江苏省科学技术奖	二等奖	中车南京浦镇车辆有限公司
6	城市轨道交通智慧出行票务系统技术创新及应用	2022年度江苏省科学技术奖	三等奖	南京熊猫信息产业有限公司
7	轨道交通基础设施现场检测测量关键技术及工程应用	2022年度江西省科学技术奖	二等奖	华东交通大学
8	城市轨道交通振动综合控制技术与应用	2022年度河南省科学技术奖	三等奖	郑州大学
9	无人驾驶城市轨道交通行车空间实时感知与安全预防关键技术及应用	2022年度湖北省科学技术奖	二等奖	中铁第四勘察设计院集团有限公司

六 城市轨道交通发展热点预测

（一）城市轨道交通运营绿色节能发展

北京、上海、广州、深圳、成都、青岛、郑州等城市地铁运营公司将绿色发展作为战略规划的重要组成部分，采取了多种节能措施，如建立能源管理体系、清洁能源利用、提高能量利用率、绿色智慧照明等，本报告后续报告有详细阐述。

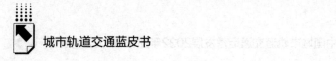

（二）"数字化+智能化"，推进智慧轨道交通建设

打造智慧轨道交通新生态，需要通过智慧引领科技创新，在强化前沿关键科技研发方面，瞄准新一代信息技术、人工智能、大数据、区块链等新兴技术，加强对引发轨道交通产业变革的前瞻性、颠覆性技术的认识和研究。"数字化+智能化"是企业在数据联接的基础上，通过算力算法驱动大数据、人工智能等信息技术推进企业的转型升级，满足企业以乘客为中心的运营目标，实现效率提升和决策优化。

物资系统、人力系统、调度管理系统、运维系统及车站乘务系统可进行有效融合，搭建一套数据平台，建立统一的数据库，将生产与管理进行交叉融合，实现各系统的联动与数据相互间访问。推动新兴技术与轨道交通行业的深度融合，推进数据资源赋能交通发展，加速线网智慧系统建设，构建集线网行车指挥、应急处置、设备监察、仿真评估、大数据分析、辅助决策、信息发布等业务于一体的综合智能化线网指挥系统，完善智能运维平台，实现运营生产运维业务的全过程数字化管控和动态可视化管理，制定运维平台数据共享标准，实现智能检测、自动报修、自动编排检修计划和数据挖掘等智能运维，确立智能运维管理体系；加强智慧车站建设，拓展车站服务形式，优化乘客出行体验；探索轨道交通高质量发展模式，做好顶层规划，实现轨道交通多层次的融合发展。

（三）城市轨道交通无障碍服务，保障特殊人群出行

随着乘客的多元化需求不断增加，城市轨道交通无障碍服务水

平需要进一步提高，更加注重保障特殊人群出行。《无障碍环境建设法》2023年9月1日起施行，将无障碍环境建设保障重点规定为残疾人、老年人，在制度设计、标准确立、建设要求等方面，紧扣残疾人、老年人的需求和期盼，回应了现实需求。该法也对城市轨道交通行业的无障碍环境建设作出了明确要求，规定"新投入运营的民用航空器、客运列车、客运船舶、公共汽电车、城市轨道交通车辆等公共交通运输工具，应当确保一定比例符合无障碍标准。""银行、医院、城市轨道交通车站、民用运输机场航站区、客运站、客运码头、大型景区等的自助公共服务终端设备，应当具备语音、大字、盲文等无障碍功能"。

人口老龄化是我国今后相当长一个时期的基本国情，如何为老年人提供更便捷的乘车服务成为一个重要问题。应提前谋划，在客运服务上下功夫。例如，运用智能导览系统，通过语音提示和屏幕显示，为老年人提供方便快捷的地铁导航服务；通过高清摄像头实时监控，保障老年人的安全。此外，大字标识便于老年乘客辨认，候车区增设老年座椅，提供爱心预约服务等，在有针对性地护航老年乘客出行便捷度方面都可以深入研究，打造体系化、系统化、多元化的客运服务模式。

城市轨道交通无障碍环境建设可以采用硬件改造、软件提升等多种措施。一是加强硬件建设和改造。要结合车站改造工作，新增无障碍电梯，更新替换陈旧设备。二是要加强软件服务提升。推进"爱心预约"等平台功能建设，实现乘客使用服务热线、地铁官网等渠道提前预约"爱心接力"服务，方便乘客进出站、上下车及换乘服务。

绿色运营篇
Green Operation Part

B.2
城市轨道交通绿色运营
相关政策与发展要求

胡溪 郑懿 周慧敏*

摘 要： 城市轨道交通作为绿色低碳交通方式，在贯彻"双碳"战略实施中扮演着重要角色。本文从以下三个方面阐述城市轨道交通绿色运营相关政策与发展要求。首先，探讨"双碳"战略与城市轨道交通运营之间的关系；其次，介绍各地在编制城市轨道交通绿色行动方案、车站节电管理、车辆再生能馈等方面的节

* 胡溪，高级工程师，上海申通地铁集团有限公司运营管理部副部长，长期从事城市轨道交通运营管理和相关服务领域的技术研究工作；郑懿，高级工程师，注册公用设备工程师，上海申通地铁集团有限公司技术中心环境节能研究部主任，长期从事城市轨道交通绿色低碳相关领域科学研究和技术管理工作；周慧敏，高级工程师，上海申通地铁集团有限公司技术中心，主要从事地铁环控、给排水方面研究。

能举措；最后，分析相关标准对于城市轨道交通绿色运营的影响。

关键词： 城市轨道交通 "双碳"战略 绿色运营

一 "双碳"战略与城市轨道交通运营的关系

（一）城市轨道交通运营在"双碳"战略中的角色与定位

2020年9月，习近平主席在第七十五届联合国大会一般性辩论上郑重宣布："中国将提高国家自主贡献力度，采取更加有力的政策和措施，二氧化碳排放力争于2030年前达到峰值，努力争取2060年前实现碳中和。"

2021年9月，中共中央、国务院印发《关于完整准确全面贯彻新发展理念做好碳达峰碳中和工作的意见》，提出加快推进低碳交通运输体系建设，具体包括优化交通运输结构、推广节能低碳新型交通工具、积极引导低碳出行等。

2021年10月，国务院印发《2030年前碳达峰行动方案》，提出开展交通运输绿色低碳行动，加快形成绿色低碳运输方式，具体包括推动运输工具装备低碳转型、构建绿色高效交通运输体系、加快绿色交通基础设施建设等。

2021年10月，在第二届联合国全球可持续交通大会上，交通运输部发布了《中国可持续交通发展报告》，以"创新、协调、绿色、开放、共享"新发展理念为主线，展现中国交通在落实联合国 2030 年可持续发展议程提出的"人类、地球、繁荣、和平、伙伴"理念方面的探索和实践，体现中国对可持续发展的理论创新和对联合国可持续发展目标任务的落实。其中，第二章至第七章分别从新发展理念五个方面、统筹发展和安全方面对中国可持续交通进展与成效进行了阐述，主要内容包括促进综合交通运输协调发展、推进交通运输创新驱动发展、推动交通运输绿色低碳转型、加强交通对外开放与交流合作、让人民共享交通运输发展成果、生命至上与安全发展。

2022 年 4 月，《交通运输部 国家铁路局 中国民用航空局 国家邮政局贯彻落实〈中共中央 国务院关于完整准确全面贯彻新发展理念做好碳达峰碳中和工作的意见〉的实施意见》发布，提出四项主要任务：优化交通运输结构、推广节能低碳交通工具、积极引导低碳出行、增强交通运输绿色转型新动能。

2022 年 6 月，住房和城乡建设部、国家发展改革委发布《城乡建设领域碳达峰实施方案》，提出建设绿色低碳城市、打造绿色低碳县城和乡村、强化保障措施、加强组织实施。

2022 年 8 月，科技部、国家发展改革委、工业和信息化部、生态环境部、住房和城乡建设部、交通运输部、中国科学院、中国工程院、国家能源局共同研究制定了《科技支撑碳达峰碳中和实施方案（2022—2030 年）》，提出了 10 项具体行动：能源绿色低碳转型科技支撑行动，低碳与零碳工业流程再造技术突破行动，建筑交通低碳零碳技术攻关行动，负碳及非二氧化碳温室气体减排技术能力提升行动，前沿颠覆性低碳技术创新行动，低碳零碳技术示范行动，碳达峰碳中和管理决策支撑行动，碳达峰碳中和创新项目、基地、人才协同增效行动，绿色低碳科技企业培育与服务行动，碳达峰碳中和科技创新国际合作行动。

2022年8月，中国城市轨道交通协会发布《中国城市轨道交通绿色城轨发展行动方案》，提出了绿色城轨建设的指导思想，阐述了绿色城轨的内涵标志，描绘了绿色城轨的发展蓝图，明确了"三步走"的发展战略，提出了重点实施"绿色规划先行行动、节能降碳增效行动、出行占比提升行动、绿色能源替代行动、绿色装备制造行动、全面绿色转型行动"六大绿色城轨行动，确保如期实现碳达峰碳中和目标。

交通运输是国民经济中基础性、先导性、战略性产业和重要的服务行业，同时也是能源消耗大户，是碳排放的重要领域之一，是推进"双碳"工作的主战场之一。公共交通作为综合交通运输体系的重要组成部分，是城市发展的重要基础脉络，公共交通已经成为居民日常出行的重要方式。中共中央、国务院发布的《交通强国建设纲要》指出，要加强城市交通拥堵综合治理，优先发展城市公共交通，鼓励引导绿色公交出行，合理引导个体机动化出行。城市轨道交通作为大城市日常公共出行方式的核心，不仅对缓解城市交通拥堵发挥了关键作用，更是"双碳"目标下低碳出行的重要方式，相较于其他城市交通方式，在运输大量客流的同时，具有更低的碳排放水平。轨道交通绿色低碳运营，是城市轨道交通行业面临的历史性任务，也是助力城市交通领域节能减排的重要途径。

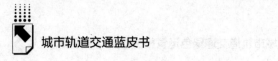
（二）城市轨道交通运营在"双碳"战略中承担的任务

1. 引领出行低碳排放

加强交通电气化替代是交通运输推动"双碳"战略实施的行动之一。城市轨道交通运营主要采用电力作为动力源，显著降低了对化石燃料的需求量，从根本上减少了碳排放。各城市轨道交通结合自身线路运营情况，研究适合轨道交通的绿色节能技术措施并结合数字化技术，在保障轨道交通安全运行的基础上打造低碳节能车站，降低运营能耗，促进绿色运营和可持续发展。

2. 追求高运输效率、效益

在密集的城市出行中，城市轨道交通可实现大规模、高密度的客流快速转移，其能效远超同等规模的道路交通系统；研究实施网络化运能运量的精准匹配，优化列车行车组织方式，提高列车满载率，缩短旅客等待时间，提升运行效率和运营灵活度，进一步追求高运输效率、效益，助力城市整体低碳排放。

3. 市民绿色出行的首选

轨道交通不仅是交通工具，更是展现城市绿色、先进形象的重要载体。轨道交通成为城市生活的一部分，使乘坐轨道交通不仅仅是出行，更是一种生活体验。轨道交通最大限度地满足乘客出行需求，持续提升乘客的获得感、幸福感，从而吸引更多人群成为城市绿色出行担当者。

二　各地促进城市轨道交通绿色运营相关举措及实施路径

（一）部分城市轨道交通绿色低碳行动方案

2022 年 8 月，中国城市轨道交通协会发布了《中国城市轨道交通绿色城轨发展行动方案》，截至 2023 年 8 月 31 日，13 个城市轨道交通企业结合自身特点，形成并发布各自的行动方案。

1. 北京（由北京市基础设施投资有限公司联合行业内建设、建筑、运营单位共同编制）

《北京轨道交通绿色低碳发展行动方案》统筹铺画北京轨道交通"1-N-3-1"的绿色城轨发展"一张蓝图"，构建低碳规划建造体系、低碳运营组织体系、低碳技术装备体系、低碳绿色能源体系、低碳能源管理体系等"N 项绿色低碳应用体系"；重点研发推广绿色运营技术、装配式建造、绿色智能列车、柔性直流供电、大空间空调通风一体化、分布式光伏发电等"N 项绿色低碳关键技术"；精心打造覆盖新建、改、运营线路的绿色星级线路、车站、场段（TOD）"三类绿色样板试点"；最终建立统一北京绿色轨道交通建设与运营技术标准的"一套绿色轨道交通标准体系"，实现北京轨道交通碳达峰碳中和目标，建成具有北京特色的绿色轨道交通。

2. 天津轨道交通集团有限公司

天津轨道交通集团有限公司发布《绿色城轨发展行动方案》，

坚持"系统谋划分类施策，建运协同整体推进，节约优先创新驱动，智慧赋能绿智融合，试点先行有序达标"五大工作原则。以促进天津轨道交通集团高质量发展为目标，坚持智慧城轨建设与绿色创新发展同步推进，统筹铺画具有天津特色的"17611"绿色发展蓝图，即一张绿色城轨发展蓝图、七大绿色城轨发展行动、六项实施保障措施、一个绿色城轨发展行动方案、一批绿色城轨示范工程。其中，七大绿色城轨发展行动分别为：绿色规划先行行动，绿色示范引领行动，节能降碳增效行动，智慧赋能绿建行动，出行占比提升行动，绿色能源替代行动，全面绿色转型行动。

3. 哈尔滨地铁集团有限公司

《哈尔滨地铁绿色城轨发展行动方案》结合哈尔滨地域特点，提出绿色规划先行行动、节能降碳增效行动、出行占比提升行动、绿色能源替代行动、绿色装备应用管理行动、全面绿色转型行动六大行动 33 个行动路径，紧扣"双碳"和绿色城轨发展目标，落实资源循环利用、节能减排、绿色环保等国家标准，推广应用国家和行业协会示范工程成果，从理念、标准、规划、设计、建造、运营、装备供应和企业管理等方面，全面开展绿色转型行动。

4. 上海申通地铁集团有限公司

上海申通地铁集团有限公司始终以服务城市社会经济发展、保障城市安全高效运行为主要目标，秉持"申城地铁，通向都市新生活"的发展使命是上海构建低碳城市交通体系、加快打造轨道上的都市圈、打造升级版公交都市的重要落脚点。上海申通地铁集团有限公司发布《上海地铁服务"碳达峰、碳中和"国家战略绿色城轨行动方案》，这是上海地铁探索低碳绿色发展的重要实践，也是上海地铁激活"绿色发展动能"、坚持推动全面绿色转型的郑重宣示，方案明确了上海绿色城轨发展的指导思想、战略目标、行动路径、工作原则、重点任务和保障措施，是上海轨道交通绿色发展系统的、整体的、高水平的战略规划。

5. 无锡地铁集团有限公司

《无锡地铁绿色城轨发展行动方案》以绿色转型为主线，以汇聚客流、节能降碳、清洁能源为行动方向，以绿色出行、高效低耗、低碳排放为行动要求，统筹实施"1-6-6-1-N"的无锡地铁绿色城轨发展蓝图，持续降低能耗强度，助力实现碳达峰碳中和的总体目标，制定了适合无锡绿色城轨发展的六大行动，构建低碳绿色发展技术创新体系。以更高质量、更优效果明确未来绿色城轨发展总纲，规划在建设、运营、资源、置业、新基建、智能交通等全产业链各个环节和全生命周期各个阶段实现绿色转型，逐步构建低碳排、高效能、大运量的新时代绿色化城市轨道交通。

6. 南京地铁集团有限公司

《南京地铁绿色城轨发展行动方案》勾画了"1-6-5-1"绿色发展蓝图，因地制宜提出南京地铁"绿色规划引领行动、绿色建造创建行动、绿色运营提升行动、绿色产业发展行动、绿色示范应用行动和全面绿色转型行动"六大行动，并细化为23个子项，共136个具体实施措施。同时，规划形成五项绿色城轨成果，即落实一套绿色行动计划，创建一套绿色评价体系，编制一套绿色技术导则，打造一批绿色重点项目以及拓展一批绿色科研项目。计划最终建立和完善南京地铁绿色城轨发展体系，保障"双碳"和绿色城轨发展目标的实现。

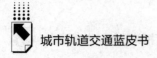

7. 徐州地铁集团有限公司

《徐州地铁绿色城轨发展行动方案》全面贯彻国家"双碳"战略部署，以绿色转型为主线，以节能降碳为重点，以能源替代为方向，提升出行占比，智慧赋能，管理创新和技术创新双轮驱动，全方位推动徐州轨道交通绿色低碳、高质量发展的编制思路，规划统筹了绿色城轨发展蓝图，构建具有徐州地铁特色的绿色城轨行动框架"1-6-6-1"，即一张徐州地铁绿色城轨发展蓝图，六大绿色城轨发展行动，六项实施保障措施，一批绿色城轨示范工程。确立了6条行动路径，实施57项重点任务，构建具有徐州地铁特色的"1-6-6-1"绿色城轨行动框架，将"双碳"与绿色城轨发展目标贯穿徐州地铁全生命周期的每个阶段。

8. 宁波市轨道交通集团有限公司

宁波市轨道交通集团有限公司发布《宁波轨道交通绿色城轨发展行动方案》，以绿色可持续、高质量发展为引领，全方位推动宁波全域轨道交通绿色低碳、高质量发展。该行动方案主要有降低运营能耗、提升绿色出行占比、突出产业优势、优化能源结构四个方面特点，从牵引供电、车站通风空调、低压照明等多个系统入手，最大限度地降低能源消耗，打造低碳运行的轨道交通；同时，通过分时段优惠政策、研究"碳积分"兑换福利等多种措施提升客流量，进一步降低乘坐地铁的人均能耗。为进一步实现"双碳"目标和助推智慧城轨发展，《宁波轨道交通绿色城轨发展行动方案》强化重点领域技术研发攻关，加快布局绿色城轨产业链，发展光伏发电、地源热泵等绿色新能源项目，打造可持续、绿色清洁的轨道交通。

9. 青岛地铁集团有限公司

青岛地铁集团有限公司发布《绿色城轨发展实施方案》，划定了9条行动路径，实施64项重点任务，目标是：到2025年，成为全国绿色交通先行者；到2028年，跻身国内绿色城轨第一梯队；到2050年，全面完成绿色转型，提前高水平达成近零排放的绿色城轨。方案明确了"九大行动"作为实现目标的9条具体路径，对应不同路径，明确了64项重点任务，从实施绿色示范引领、实施绿色技术推进、实施管理体系健全、实施运营能效提高、实施绿智建造融合、实施出行占比提升、实施绿色能源替代、实施绿色产业转型、实施全面绿色升级等方面全面开展绿色升级。

10. 重庆市轨道交通（集团）有限公司

《重庆轨道集团绿色城轨发展实施方案》明确了绿色城轨建设的工作目标、主要任务和保障措施，为全面践行绿色城轨建设行动、打造绿色城轨提供方向和路径。牢牢把握住重庆山地城市轨道交通特点，铺画了一张"1-8-3-1"绿色发展蓝图，明确了8项行动任务，提出了一条具有重庆山地城市特色的城市轨道交通绿色发展路线。一是强化绿色出行，突出城市轨道交通作为实现"双碳"目标的必由之路和必然选择，通过深化互联互通、四网融合、优化换乘接驳等途径，提升乘客服务水平，引导市民优选绿色出行。二是深化绿色建造，持续推广具有重庆特色的山地A型车，推行跨江大桥公轨集约共建，推动建造新技术的研究应用。三是完善绿色运营，以绿色技术提升运营服务品质，构建城轨绿色改造体系，全面推进既有线路绿色转型。四是践行绿智融合，以智慧化技术手段助力节能降耗，以绿智融合赋能城轨建设多维度应用。

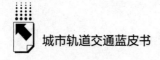

11. 成都轨道交通集团有限公司

成都轨道交通集团有限公司发布《绿色城轨发展行动方案》《数智化发展顶层规划》，并以此作为成都轨道交通绿色发展和数智化转型的总体纲领，标志着成都轨道交通全面开启科技引领、绿智赋能的新征程。在绿色规划起引领方、绿色运营控能耗、绿色TOD 促营城、数智运营移动服务、数智 TOD 营城移动服务、数智轨道生活移动服务六大方面开展核心行动。此外，还提出将开展国内外先进的高速氢能源动力系统市域列车关键技术研究，促进轨道交通行业能源结构优化。探索研究新线停车场、车辆段、控制中心、高架站等区域的电能、太阳能综合利用，试点应用复合能源路灯等产品。

12. 广州地铁集团有限公司

广州地铁集团有限公司发布《2023 轨道交通气候行动——未来已来，绿色低碳轨道交通的可持续发展与一致行动》，结合广州地铁对碳达峰碳中和的思考与实践，提出了轨道交通行业践行绿色低碳和可持续发展的广州方案，即由科技创新规划布局未来 5～10年的绿色营建、"机械法＋预制装配"的施工体系带动地下车站空间构筑体系进步、地下工程成套装备研制和超高效智慧环控系统孵化实现上下游产业链垂直整合，在绿色低碳轨道交通技术体系构建中形成较为完整的碳工作体系，并持续在工程建设中推广应用，旨在为市民带来更舒适、健康、便捷的绿色出行新体验。

13. 深圳市地铁集团有限公司

深圳市地铁集团有限公司编制了《绿色发展白皮书（2022）》，针对碳达峰碳中和目标以及轨道交通绿色高质量发展的机遇和挑战，该白皮书在总结深圳地铁创立 24 年以来绿色发展成效的基础上，分析了深圳地铁面临的绿色发展形势，确立了近远期绿色发展目标，构建了深圳地铁客流出行碳减排核算方法学，提出了深圳地铁绿色发展的具体实施路径及工作方向，以此助推深圳地铁集团绿色可持续发展，从绿色发展成效、绿色建筑、绿色建造、绿色运营、海绵车辆段、清洁能源、绿色发展目标、绿色发展路径等方面来实施"双碳"行动。

（二）部分城市轨道交通绿色运营相关举措

各城市轨道交通积极开展节能减碳相关工作，采用各种绿色相关举措，涵盖车站、车辆、基地及管理措施四个环节。车站的绿色运营举措主要针对车站机电设备，包括 LED 照明、通风空调智能控制系统、机电设备自动启闭等技术。部分城市轨道交通车站的绿色运营举措和成效见表 1。

表 1　部分城市轨道交通车站已采用的绿色运营举措和成效

序号	城市	措施	成效
1	北京	车站空调通风系统节电	节电约 30%
		自动电扶梯变频	系统节电 10% 以上
		LED 照明	系统节电约 50% 以上
2	石家庄	配置中压能馈装置	每月反馈电能约 25 万千瓦·时
		采用蒸发冷凝机组	已在 24 座车站得到应用，减少城市占地总计 4800 平方米
		通风空调风水联动节能控制系统应用	已在 16 座车站得到应用，空调季节能率可达 55%，非空调季节能率可达 85%

续表

序号	城市	措施	成效
3	上海	通风空调风水联动节能控制系统应用	节电率大于 40%
		LED 照明	节能率达 50% 以上
4	南京	智慧照明系统	节电率最低 75%，最高 85%
		冷站优化	节能率为 20% 左右
5	温州	智能照明系统	节能率 20%
6	重庆	LED 照明	节能率约 50%
		开启扶梯节能模式	扶梯进入节能模式后，在低速运行时，能减少约 60% 能耗
		优化通风系统运行时间	3 号线隧道风机每年可节约用电约 320 万千瓦·时
7	广州	LED 照明	节能达 50% 以上
8	深圳	车站光伏发电	6 号线高架站光伏发电系统 2022 年全年实际发电量达 186 万千瓦·时
		配置中压能馈设备	6 号、8 号、10 号线牵引供电系统中压能馈设备 2022 年全年实际回馈电量 1089 万千瓦·时，节能率约 8%

资料来源：根据调研整理，表 2~表 6 同此。

车辆的绿色运营举措涵盖了列车 LED 照明、再生能馈、列车空调变频、永磁电机等技术。部分城市轨道交通车辆在绿色运营方面取得的成效见表 2。

表 2　部分城市轨道交通车辆已采用的绿色运营举措和成效

序号	城市	措施	成效
1	北京	列车驾驶等级优化	节电约 10%
		提高电制动比例	节电约 5%
2	上海	列车 LED 照明	相比荧光灯，LED 节能率达 46% 以上
		列车变频空调	相比于定频空调，COP 提升 20% 以上

续表

序号	城市	措施	成效
3	苏州	1号线、2号线增购车采用变频空调	综合平均节电率为21.91%
		3号线0312、0345车,4号线增购车10列采用永磁电机技术	综合能耗节能率为14.41%
4	郑州	列车照明空调节能	每列车节约空调、照明用电时长约1小时,2022年节约用电约2.7万千瓦·时
		再生能馈装置能量回馈	2022年总回馈电量为367.32万千瓦·时
5	洛阳	电客车0121车应用定频+变频计划	高能效比节能空调的能耗与原空调相比,耗电量降低19%
		再生制动	2022年回收电能约4.8万千瓦·时
6	广州	永磁牵引电机改造	比传统异步牵引系统能耗减少15%
		列车照明LED改造	与荧光灯比,节能达50%以上
		列车空调变频改造	变频空调比定频空调节能约17%
7	深圳	永磁同步电机应用	同步永磁牵引系统较异步电机牵引系统列车总能耗节能率超过20%
8	佛山	永磁电机应用	永磁车每公里比异步车可多节约1.35千瓦·时电,其中牵引能耗减少约7.3%,再生能量提升约9.3%
		减少使用内燃动力工程车,优先采用电动工程车	按每年约130次正线作业,较传统内燃机车节省燃油26000L。每趟作业约消耗100千瓦·时
9	南宁	采用再生制动逆变装置	部分站点动力设备节电率可达5%,5台设备每年合计节电150余万千瓦·时
		列车运行节能	实现列车牵引节能6%左右
10	重庆	一号线车辆空调变频改造	完成9列车改造,试验期间综合节电率约28%

基地的绿色运营举措以车场LED照明和光伏发电为核心,通过采用高效节能的LED照明系统,降低了基地的能耗,同时光伏发电的引入进一步减少对传统能源的依赖,部分城市轨道交通车辆基地的绿色运营举措和成效见表3。

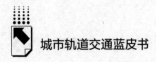

表3 部分城市轨道交通车辆基地已采用的绿色运营举措和成效

序号	城市	措施	成效
1	北京	分布式光伏项目	年发电约1000万千瓦·时
		办公用房LED照明	节电率约50%
2	石家庄	光伏发电技术	安装容量为1.00419兆瓦,设备稳定运行时年平均发电量约120万千瓦·时
3	上海	外遮阳和自然采光优化	夏季太阳辐射热量降低54%,有效降低夏季太阳辐射热量
		光伏发电技术	16座车辆基地光伏发电系统已实现并网,总装机容量达43兆瓦,总发电量超过4500万千瓦·时
4	合肥	1号线珠江路车辆段分布式光伏发电项目	年发电量为300万千瓦·时
5	广州	LED照明	与荧光灯比,节能达50%以上
		光伏发电技术	目前鱼珠车辆段已实施,每年发电约420万千瓦·时
6	重庆	车场照明改造	一号线马家岩车场:室内年节约电量55116千瓦·时,室外年节约电量13140千瓦·时
			环线四公里车场:室内年节约电量25537.8千瓦·时;室外年节约电量7884千瓦·时

  城市轨道交通运营企业通过构建绿色管理制度、对机电设备的开启与关闭时间作出科学规划、严格执行空调温度调控、运用多元化的编组方式和激励机制等绿色管理手段,致力于实现绿色运营目标。部分城市轨道交通运营管理已采用的绿色运营举措见表4。

表 4　部分城市轨道交通运营管理已采用的绿色运营举措

序号	城市	措施
1	北京	列车运行图优化
2	石家庄	成立了运营分公司节能管理领导小组和节能管理工作小组
		AFC 终端设备息屏节能休眠
3	上海	运行图平峰减能
		列车灵活编组
4	常州	优化车站照明控制
		车站机电系统管理节能(空调、照明、电梯)
5	温州	牵引用电、动照能耗、各车站能耗数据采集
6	济南	制定《运营公司节能管理方案》,规范公司节能管理
7	合肥	优化控制车站机电设备开启数量及开闭时间
		关闭暂停服务的 TVM 电源
		严格控制空调设定温度
8	郑州	规范车站照明和多联机管理
		创新实施末端备车夜间不回厂
		制定激励机制
		优化客服设备开闭时间
9	广州	对隧道轨道排风机进行节能优化
		优化车站照度
10	佛山	优化人员配置
11	重庆	出台《重庆轨道交通环控调度管理规程》,规定了隧道通风系统开启时间
		优化车站机电设备(照明、电扶梯、监视器、导向标识)开闭时间和开闭方式
		车辆智能运维系统
		运行图平峰减能
12	西安	9 号线能源管理系统,全线 0.4kV 表计及 35kV 牵引表计及远传水表
		夜间日检作业过程中,以紧密结合检修作业的完成为原则,尽可能实现外单位作业与有电检修作业同步
		各级修程作业中,规范作业

当前，城市轨道交通运营企业为更好地推动绿色出行和发展，正致力于探索一系列新的绿色运营措施，涵盖了车站、车辆、基地以及管理等方面。列举部分城市轨道交通企业正在研究的新技术，如表5所示。

表5　部分城市轨道交通企业正在研究的新技术

序号	城市	措施
1	上海	基地:内燃机车尾气处理、架大修车辆段车体涂装间、海绵技术
2	郑州	车辆:车辆PIS屏节能项目、电客车电制动浮动点退出
3	佛山	车站:城轨能耗统计监测和计量体系,提高再生制动电能利用率,因地制宜采用地源热泵及空气源热泵系统,地热能发电与城轨供电系统结合,SVG装置设置优化提升 基地:推广光伏建筑一体化
4	南宁	车辆:调整电客车牵引曲线
5	重庆	车辆:高性能跨座式单轨车辆轮胎研究及应用,城轨车辆数字孪生体建模研究,城市轨道交通车辆空调舒适性智能化控制研究 基地:"海绵城市"与厂段工艺设备的结合运用,基于物联网的数字化车间 运营管理:重庆轨道车辆全寿命周期降本增效及修程优化

三　城市轨道交通运营节能减排相关标准

（一）各城市目前正在执行的相关标准

城市轨道交通是现代城市重要的公共交通方式之一，为推动可持续发展和绿色低碳城市建设，不仅国家、地方政府，而且企业也纷纷制定了相应的节能减排标准（见表6）。

表6 目前正在执行的节能减排相关标准

国家及行业标准

序号	标准编号	标准名称	实施时间
1	GB 17167-2006	用能单位能源计量器具配备和管理通则	2007 年 1 月 1 日
2	GB/T 8222-2008	用电设备电能平衡通则	2009 年 5 月 1 日
3	GB/T 15587-2008	工业企业能源管理导则	2009 年 5 月 1 日
4	GB/T 29456-2012	能源管理体系实施指南	2013 年 10 月 1 日
5	GB 50189-2015	公共建筑节能设计标准	2015 年 10 月 1 日
6	GB/T 32019-2015	公共机构能源管理体系实施指南	2016 年 4 月 1 日
7	GB/T 13234-2018	用电单位节能量计算方法	2019 年 4 月 1 日
8	GB/T 36713-2018	能源管理体系 能源基准和能源绩效参数	2019 年 4 月 1 日
9	GB/T 36714-2018	用能单位能效对标指南	2019 年 4 月 1 日
10	GB/T 37420-2019	城市轨道交通能源消耗与排放指标评价方法	2019 年 12 月 1 日
11	GB/T 38374-2019	城市轨道交通运营指标体系	2020 年 7 月 1 日
12	GB/T 23331-2020	能源管理体系要求及使用指南	2021 年 6 月 1 日
13	GB 55015-2021	建筑节能与可再生能源利用通用规范	2022 年 4 月 1 日
14	HJ 453-2018	环境影响评价技术导则 城市轨道交通	2019 年 3 月 1 日

地方标准

地方	标准编号	标准名称	实施时间
北京	DB11/T 1263-2015	清洁生产评价指标体系 交通运输业	2016 年 4 月 1 日
	DB11/T 1559-2018	碳排放管理体系实施指南	2019 年 1 月 1 日
	DB11/T 1786-2020	二氧化碳排放核算和报告要求 道路运输业	2021 年 1 月 1 日
上海	DB31/T 676-2021	城市轨道交通能源消耗指标和计算方法	2021 年 9 月 1 日
广州	DBJ/T 15-201-2020	广东省绿色建筑设计规范	2021 年 1 月 1 日
	DBJ/T 15-234-2021	广东省绿色建筑检测标准	2022 年 5 月 1 日

团体标准

序号	标准编号	标准名称	实施时间
1	T/CABEE 002—2019	绿色城市轨道交通车站评价标准	2019 年 10 月 1 日
2	T/CECS 724-2020	绿色城市轨道交通建筑评价标准	2021 年 1 月 1 日
3	T/CECS 1204—2022	绿色低碳轨道交通设计标准	2023 年 4 月 1 日
4	T/CECS 1236—2023	绿色低碳轨道交通评价标准	2023 年 6 月 1 日

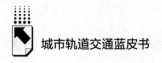

（二）轨道交通绿色运营相关标准的发展方向

从表6中可以看出，在国家及行业标准和地方标准中，针对社会面特别是公共建筑的能源消耗、设备节能、评价准则的标准较多，但专门针对城市轨道交通绿色运营板块绿色低碳相关的标准较少；在团体标准、企业标准中，有关社会团体、运营企业根据发展需要编制了城市轨道交通绿色运营的设计标准、评价标准，但专门针对绿色节能技术、绿色节能管理、绿色运营模式的标准较少。针对以上问题和城市轨道交通绿色运营发展需要，建议从以下方面提高不同层级的标准供给数量和质量。

1. 基于全生命周期的城市轨道交通绿色标准体系

从规划、建设、运营、管理等角度，系统谋划城市轨道交通绿色标准，构建基于全生命周期的城市轨道交通绿色标准体系。开展绿色城市轨道交通规划、设计标准研究，将绿色运营理念融入前期规划、设计中。研究考虑节能的设备联调联试标准，强化绿色认证，为绿色运营创造良好的基础条件。

2. 高效节能的运营管理标准

网络化运营是各地城市轨道交通的发展趋势，网络化运营管理标准、车辆基地资源共享评价指标及评估方法，可以通过管理优化和资源共享推动绿色运营、降低运营能耗。网络化列车运行组织节能技术规范，对于运能和运量精准匹配、提升能源利用效率具有重要作用。

3. 运营减排贡献测算标准

建立城市轨道交通能耗等级评定标准，推动统一规范的碳核算体系，支撑运营减排贡献测算。开展既有车站节能改造设计标准研究，用于车站节能改造设计、施工及验收技术管理。推动城市轨道交通运营企业节能认证标准制定，通过建立健全节能减排考核、激励标准体系，促进企业深入挖掘运营节能潜力，提升城市轨道交通绿色运营水平。

B.3
城市轨道交通运营能耗使用情况分析

城市轨道交通运营能耗数据分析课题组 *

摘　要： 本文主要从四个方面分析城市轨道交通运营能耗相关数据及行业现状。一是概述城市轨道交通运营能耗结构总体情况，目前电力能耗是城市轨道交通运营过程中的主要能耗。二是简要介绍了电力能耗的指标及其定义，并从牵引能耗及动力照明能耗两方面对不同制式的城市轨道交通运营企业能耗数据进行了分析。三是对各运营企业电力能耗指标管理情况进行了梳理分析，企业均能实现每月定期统计并将能耗指标纳入组织绩效目标中。四是对各地购电与优惠政策进行了梳理总结，目前各城市轨道交通电价机制基本执行市场化电价，优惠政策主要体现在执行无峰谷电价、发放可再生能源补贴、优先执行绿电交易等方面。

---

*　课题组成员包括：尚志坚，高级工程师，陕西轨道交通集团有限公司运营管理部副部长，西安市轨道交通集团有限公司运营分公司副总经理；钱曙杰，教授级高级工程师，苏州市轨道交通集团党组成员、副总经理，苏州轨道交通运营有限公司党委副书记、总经理，长期从事城市轨道交通建设与运营管理工作；姜彦璘，高级工程师，西安市轨道交通集团有限公司运营分公司企业发展部副部长，长安大学校外兼职硕士研究生指导教师；凌松涛，高级工程师，苏州市轨道交通集团副总工程师，苏州轨道交通运营有限公司党委成员、运营二分总经理，长期从事城市轨道交通运营管理工作；马宇婷，经济师，西安市轨道交通集团有限公司运营分公司企业发展部经营管理主办；丁波，高级工程师，苏州轨道交通运营有限公司高级主管，长期从事城市轨道交通数字化转型、智能化与信息化系统实施、管理与研究等相关工作。

关键词： 城市轨道交通　电力能耗　运营能耗　节能降耗　绿色发展

一　运营能耗结构总体情况

（一）运营能耗结构

运营能耗主要是指城市轨道交通运营企业用于生产、生活及办公所消耗的能源，能耗来源主要包括电力、燃气、燃油、热力等能源，其中电力能耗是城市轨道交通运营过程中的主要能耗。部分城轨运营企业消耗的电力能源占比如图 1 所示。调研梳理数据显示，各企业电力消耗在总能耗中占比均超过 90%。

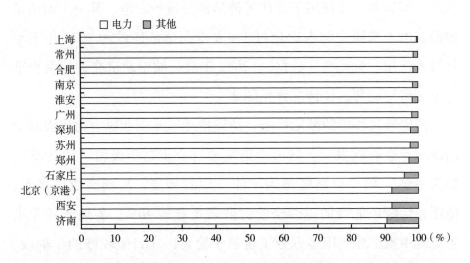

图 1　2022 年部分城市轨道交通运营企业消耗的电力能源占比情况

资料来源：根据调研结果整理，图 2~图 5 资料来源同此。

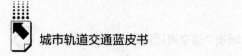

根据使用场景的不同，城市轨道交通运营的用能可以大致分成车辆基地用能、列车用能及车站用能。其中车辆基地用能包含电力、燃气、燃油等，主要用于维护维修、生产办公等方面；列车用能重点为电力，主要用于列车牵引、列车辅助系统等方面；车站用能重点为电力，主要用于通风空调系统、电扶梯系统、动力照明系统等方面。本文将重点对电力能耗在城市轨道交通运营能耗中的使用情况进行分析。

（二）供电端能源结构情况

调研数据显示，2022 年各城市轨道交通运营企业供电端使用的能源主要为传统电力能源，在短期内仍难以替代。合肥、石家庄、北京（北京轨道运营）、常州、济南、上海、广州、深圳 8 地城市轨道运营企业使用了光伏等清洁能源进行发电，其中上海清洁能源在电力来源中的占比超过 1%（常州清洁能源为 2022 年下半年投入使用，暂无统计数据）。2022 年部分城市轨道交通运营企业供电端清洁能源占比情况详见图 2。

国家通过积极的鼓励措施，持续推动以光伏和风力为代表的清洁能源产业有效发展。城市轨道交通行业正在积极由"以传统能源为主体"向"以新能源为主体"模式转变，从调研数据来看，使用光伏绿色能源的运营企业占调研企业的 40%，各地光伏发电生态链中投、建、用多方分工也趋于稳定。在日照较好的车辆段、停车场或高架线路等区域，通过逐步引入第三方投资建设与定向优惠采购模式，以光伏发电为主的新能源建设与使用呈现双增长趋势。

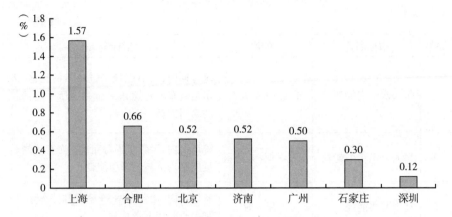

图2　2022年部分城市轨道交通运营企业供电端清洁能源占比情况

二　城市轨道交通运营电力能耗构成与分析

（一）能耗指标

运营能耗指标对城市轨道交通运营企业在成本管控及行业对标中具有重要意义，根据行业现行的指标体系，涉及运营电力能耗的指标及其定义如表1所示。

表1　城市轨道交通运营能耗指标及定义

序号	指标名称	单位	指标定义
1	牵引能耗	万千瓦·时	统计期内,运营车辆在运营线路、车辆段和停车场上运行所消耗的电能(含牵引变压器进线以下的供电损耗)
2	每车公里牵引能耗	千瓦·时/车公里	统计期内,运营车辆每行驶单位里程所平均消耗的牵引能耗

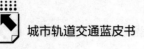

续表

序号	指标名称	单位	指标定义
3	每人次牵引能耗	千瓦·时/人次	统计期内，牵引能耗与进站量的比值，表示运营车辆每运送一位乘客所平均消耗的牵引能耗
4	每人公里牵引能耗	千瓦·时/人公里	统计期内，运营车辆每完成一个客运周转量所平均消耗的牵引能耗
5	动力照明能耗	千瓦·时	统计期内，运营车站、车辆段和停车场、控制中心等用电量之和
6	车站日均动力照明能耗	千瓦·时/站日	统计期内，每站每日平均消耗的动力照明能耗值

（二）行业电力能耗使用情况

城市轨道交通运营电力能耗主要分为两大类，一是列车牵引能耗，用于维持列车正常运行的电能消耗，包括列车牵引电耗、车载空调和照明设备等辅助设备电耗；二是动力照明能耗，用于支撑车站及车辆基地设备用电的动力系统的电能消耗，包括通风空调系统、水系统、动力照明系统、电扶梯系统、给排水系统等的电耗。除了以上两种类别外，部分运营企业还将损耗、商业用电、资源开发能耗等其他电耗纳入统计。

2022 年全国城市轨道交通总电能耗[①]为 227.92 亿千瓦·时，同比增长 6.89%。调研数据显示，企业电力能耗中牵引能耗约占

---

① 总电能耗包含中国城市轨道交通协会统计的 44 个城市数据。

32%~62%，车站及车辆基地动力照明能耗占 43%~62%，其他电耗占比不超过 10%。2022 年部分城市轨道交通运营企业线网电力能耗占比情况如图 3 所示。

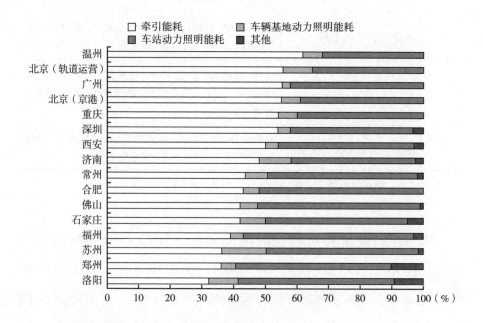

图3 2022 年部分城市轨道交通运营企业线网电力能耗占比情况

（三）牵引能耗

2022 年，全国城市轨道交通线网牵引能耗合计 111.31 亿千瓦·时，大部分企业在 0.2 亿~4 亿千瓦·时范围内，上海、北京、广州 3 地线网牵引能耗均超过 10 亿千瓦·时。部分城市轨道交通运营企业线网牵引能耗情况详见表 2。

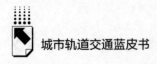

表2　2022年部分城市轨道交通运营企业线网牵引能耗情况

序号	能耗范围	运营城市/企业
1	大于8(含)亿千瓦·时	上海、北京、广州、深圳、成都
2	4(含)亿~8亿千瓦·时	杭州、重庆、武汉、南京
3	1(含)亿~4亿千瓦·时	西安、天津、苏州、青岛、郑州、合肥、宁波、长沙、南宁、南昌、昆明、厦门、沈阳、大连
4	0.2（含）亿~1亿千瓦·时	无锡、福州、石家庄、济南、哈尔滨、贵阳、长春、常州、徐州、东莞、佛山、洛阳、温州、呼和浩特、太原、嘉兴、兰州
5	小于0.2亿千瓦·时	乌鲁木齐、沈阳电车、苏州电车、淮安电车、广州电车、武汉光谷、成都电车、北京电车

资料来源：中国城市轨道交通协会统计，表3、表4同。

从单位行驶里程所消耗的电能来看，2022年全国城市轨道交通线网每车公里牵引能耗平均为1.69千瓦·时，其中有轨电车线网每车公里牵引能耗平均为0.85千瓦·时，其他制式线网每车公里牵引能耗平均为1.81千瓦·时。在各运营企业中，线网每车公里牵引能耗低于1千瓦·时的均为有轨电车运营企业，其他制式运营企业线网每车公里牵引能耗基本在1~3千瓦·时。部分城市轨道交通运营企业线网每车公里牵引能耗情况详见表3。

表3　2022年部分城市轨道交通运营企业线网每车公里牵引能耗情况

序号	能耗范围	运营城市/企业
1	2(含)~3千瓦·时/车公里	太原、温州、乌鲁木齐、广州、嘉兴、上海、深圳、济南、东莞

序号	能耗范围	运营城市/企业
2	1（含）~2 千瓦·时/车公里	石家庄、大连、重庆、兰州、郑州、常州、南京、福州、北京、长沙、洛阳、成都、杭州、合肥、佛山、贵阳、哈尔滨、厦门、南昌、南宁、青岛、武汉、西安、徐州、呼和浩特、苏州、昆明、天津、无锡、沈阳、宁波、长春、沈阳电车
3	小于 1 千瓦·时/车公里	淮安电车、广州电车、武汉光谷、成都电车、苏州电车

（四）动力照明能耗

1. 车站动力照明能耗

电力为车站日常运作中使用的主要能源。2022 年，全国城市轨道交通车站日均动力照明能耗平均为 4172 千瓦·时/站日，其中，有轨电车车站日均动力照明能耗平均为 374 千瓦·时/站日，其他制式车站日均动力照明能耗平均为 4635 千瓦·时/站日。有轨电车车站简单、设备设施少，车站日均动力照明能耗普遍较低。其他制式车站日均动力照明能耗基本集中在 4000（含）~6000 千瓦·时/站日，共有上海、厦门、成都等地 22 家运营企业在此范围内；大于等于 6000 千瓦·时/站日的运营企业较少，包括佛山、杭州、广州、东莞、长沙、南宁、北京 7 地的 7 家；能耗在 2000（含）~4000 千瓦·时/站日范围内的运营企业包括常州、哈尔滨、郑州等地 12 家。部分运营企业车站日均动力照明能耗情况详见表 4。

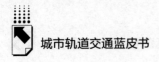

表4　2022年部分城市轨道交通运营企业车站日均动力照明能耗情况

序号	能耗范围	运营城市/企业
1	大于等于6000千瓦·时/站日	佛山、杭州、广州、东莞、长沙、南宁、北京
2	4000（含）~6000千瓦·时/站日	上海、厦门、成都、深圳、西安、天津、嘉兴、苏州、乌鲁木齐、合肥、南昌、福州、太原、武汉、济南、南京、石家庄、洛阳、贵阳、兰州、宁波、昆明
3	2000（含）~4000千瓦·时/站日	常州、哈尔滨、郑州、长春、沈阳、青岛、重庆、大连、呼和浩特、温州、无锡、徐州
4	小于2000千瓦·时/站日	苏州电车、淮安电车、广州电车、成都电车、武汉光谷

从车站类型方面来看，地上站通常采用自然通风及自然采光等方式，相对地下站减少了通风空调及照明能耗。以深圳地铁为例，线路中地下站数量占比对车站日均动力照明能耗指标影响较大，在相同条件下，线路中地下站的占比越小，动力照明能耗一般越小。2022年深圳地铁部分线路地下站数量占比及车站日均动力照明能耗情况详见图4。

2. 车辆基地动力照明能耗

城市轨道交通车辆基地是车辆的运营、维护和管理中心，作为城市轨道交通系统的重要组成部分，不仅承担着轨道交通列车的调度、停放、检修、加油加气等功能，同时也提供办公、宿舍、食堂等各种配套设施，因此其能耗构成相对复杂，主要包括电力、天然气、燃油等的消耗。电力能耗仍然是城市轨道交通车辆基地主要的能耗，它主要用于车辆的牵引、设施设备运行、环境控制以及生活用电等方面。

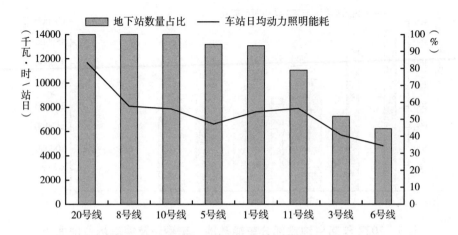

图4　2022年深圳地铁部分线路地下站数量占比及车站日均动力照明能耗情况

　　车辆基地在线网总能耗中占比较小。以深圳地铁为例，2022年深圳地铁车辆基地用电总量6092万千瓦·时，仅占线网电力能耗总量的3.89%。

　　在单位面积能耗方面，以南京地铁为例，对2022年部分车辆基地、车辆段及停车场的占地面积及动力照明能耗进行分析，单位面积能耗为每平方米7.5～15.1千瓦·时，平均为每平方米9.9千瓦·时。由于功能定位不同，单位占地面积及动力照明能耗跨度较大，存在较大的管理提升空间。在相同条件下，车辆基地的单位面积越小，动力照明能耗一般越小。2022年南京地铁部分车辆基地、车辆段及停车场占地面积及动力照明能耗使用情况如图5所示。

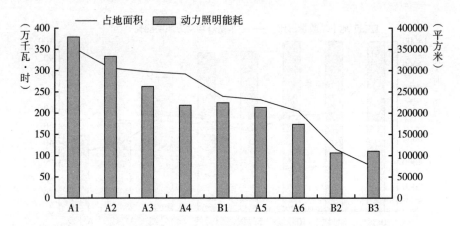

图 5 2022 年南京地铁部分车辆基地、车辆段及停车场占地面积及动力照明能耗使用情况

注：其中 A 表示车辆基地及车辆段，B 表示停车场。

三 城市轨道交通运营电力能耗管理情况

（一）统计方式

根据调研，企业均能实现每月定期对运营能源消耗进行统计，其中电力能耗主要借助能源管理系统进行统计，一般每月定期统计一次，主要包括正线车站、场段牵引能耗、动力照明能耗、资源开发能耗、照明能耗、电梯能耗、通风空调能耗等各专业系统月度能耗情况。除月度分析外，部分运营企业也按季度、年度进行线网能耗分析，形成线网能耗报告。

（二）绩效管理

各城市轨道交通运营企业在内部指标管理中会将能耗指标纳入组织绩效目标中，但在具体指标管理中也存在差异，差异主要包括能耗指标选取、绩效目标制定及绩效管理方式三个方面。

多数运营企业选择动力照明能耗、牵引能耗作为年度绩效指标，也有南宁、广州等地部分企业，将通风空调系统、照明等具体系统设备能耗纳入绩效指标；各运营企业目标值的设定通常会结合多种因素进行考虑，主要包括历史数据、生产实际、行业情况等；在绩效管理方式上，与企业自身绩效管理要求有密切关系，季度、年度均可进行评价考核。部分城市轨道交通运营企业能耗指标绩效管理情况详见表5。

表5　部分城市轨道交通运营企业能耗指标绩效管理情况

序号	运营城市	能耗指标	绩效目标	绩效管理方式
1	广州	运营总能耗、牵引能耗、环控能耗、照明能耗、办公能耗、车公里牵引能耗	目标值根据前一年的基础进行调整，考虑当年运营里程、气温可能变化、客流变化，以及空调、照明模式的改变进行能耗预测	考核按整体任务分解指标的完成与否，整体未完成则对应未完成任务的部门考核当年绩效
2	重庆	水、电单位能耗	下达水、电单位能耗年度指标	进行年度评价考核
3	西安	车公里牵引能耗、车站日均动照能耗	结合运营生产实际制定年度目标	根据分公司《绩效考评管理办法》，对未完成年度目标的责任中心、部门进行绩效考核

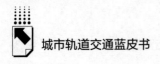

续表

序号	运营城市	能耗指标	绩效目标	绩效管理方式
4	石家庄	动力照明能耗	同等条件下与前一年持平	实行节奖超罚,以节电、节水为重点,提高能源利用率
5	郑州	车站日均动照能耗、车公里牵引能耗、场段日均动照能耗	结合运营生产实际及前一年度能耗情况制定	能耗指标完成情况依据公司《目标管理考核办法》执行
6	南宁	车站通风空调、系统设备、动力设备、照明设备用电	结合运营生产实际设定目标值	每季度根据收集到的数据,进行能耗绩效的评估和分析,比较实际能耗与设定的目标和标准,分析差距和原因,对能耗绩效优秀的团队提供奖励和认可机制
7	深圳	牵引能耗、低压能耗	按月按线制定牵引能耗和低压能耗的指标	以季度为统计周期开展能耗对标工作,对超出指标4%的责任单位开展绩效考核

资料来源:根据调研整理,表6同此。

四 各地购电与优惠政策

(一)购电方式

自2017年以来,国家开始实施电力市场化交易,改变了以往电力客户只能从电网公司按照国家核定的价格购买电能的方式。2021年10月11日,国家发改委发布了《关于进一步深化燃煤发电上网电价市场化改革的通知》（发改价格〔2021〕1439号），建立了"能跌能涨"的市场化电价机制。此次改革明确提出有序推动工商业用户都进入电力市场，按照市场价格购电，取消工商业目录销售电价。

市场化交易给各地城市轨道交通运营企业提供了多元化的交易方式，既可作为一类用户直接参与到市场中与发电企业直接交易，也可以选择通过售电公司交易。目前各城市轨道交通运营企业购电方式主要分为电网代购、电厂直购及售电公司代购三种。

1. 电网代购

电网代购是指原执行大工业或一般工商业及其他用电价格且暂未直接参与市场交易的工商业用户，由供电公司以代理方式从电力市场进行购电，售电价格一般由国家能源局发布统一指导价而确定。

2. 电厂直购

电厂直购是指企业直接向发电厂购买电力，通常适用于电力需求量较大的大型企业。电厂直接供应电力可以去除中间商的环节，从而有效降低电价成本。同时，企业具有一定的议价能力，可以与供电企业进行谈判，争取到更优的购电价格和服务品质。

3. 售电公司代购

售电公司是一种专门从事电力销售的企业，其职责是根据市场需求制定售电价格，按用户需求提供最优惠电价和更个性化服务。售电公司是由国家能源局批准成立的，具有独立经营权。

合肥、石家庄、福州等地9家运营企业购电方式为电网代购，郑州、常州、淮安等地5家运营企业购电方式为电厂直购，洛阳、南宁、西安等地5家运营企业购电方式为售电公司代购，如表6所示。

表6 部分城市轨道交通运营企业使用的购电方式情况

序号	购电方式	运营企业或其所在城市
1	电网代购	北京轨道运营、北京京港、上海、石家庄、合肥、福州、济南、佛山、温州
2	电厂直购	重庆、南京、郑州、常州、淮安
3	售电公司代购	广州、西安、洛阳、南宁、深圳

（二）电价机制

电力交易市场化改革后，目前各城市轨道交通电价机制基本执行市场化电价，不再实行原有政府定价制度，全部进入电力市场，每月为浮动电价，价格由市场决定。各运营企业结算方式主要分为两种，大部分运营企业执行一般工商业无峰谷电价，少部分企业如佛山、南宁、深圳等地企业执行大工业两部制电价（基本电价+电量电价）。2022年各城市轨道交通运营企业平均电价在0.59~0.82元/千瓦·时，平均电价为0.69元/千瓦·时左右。2022年部分城市轨道交通运营企业电价情况如表7所示。

表7 2022年部分城市轨道交通运营企业电价情况

序号	运营企业所在城市	电价机制	平均电价（元/千瓦·时）
1	福州	采用工商业单一制110千伏浮动电价机制	0.59
2	佛山	实行两部制电价，由供电局代理购电，按照实际最大需量方式计算基本电费	0.60
3	石家庄	每月为浮动电价，价格由市场决定	0.61
4	洛阳	执行一部制浮动电价	0.62

序号	运营企业所在城市	电价机制	平均电价（元/千瓦·时）
5	西安	执行一般工商业平时段电价,不执行峰谷分时电价	0.67
6	合肥	按工商业及其他用电单一制35千伏电压等级价格执行,不执行峰谷分时电价	0.67
7	常州	执行一部制电价,用电性质为一般工商业及其他	0.68
8	南京	作为一类用户参与电力市场交易,执行单一制电价,不执行峰谷分时电价	0.68
9	苏州	取消原工商业目录电价,用户到户电价由市场交易购电价格（或电网企业代理购电平均上网电价）、辅助服务费用、输配电价、政府性基金及附加等构成	0.68
10	济南	3条线均执行大工业用电,其中2号线执行优惠电价,不收取基本电费,不按峰谷分时电价执行	0.69
11	重庆	执行基准电价基础上浮20%	0.70
12	南宁	执行两部制大工业用电制度,由向电网企业购电改为电力市场化交易购电	0.70
序号	运营企业所在城市	电价机制	平均电价（元/千瓦·时）
13	广州	采购电价	0.77
14	深圳	执行大工业平段电价,按两部制计费,基本电费按当月实际最大需量计费	0.80
15	北京	电网企业通过挂牌交易方式代理购电,挂牌购电价格按当月月度集中竞价交易加权平均价格确定,挂牌成交电量不足部分由市场化机组按剩余容量等比例承担,价格按挂牌价格执行,无挂牌交易价格时,可通过双边协商方式形成购电价格	0.82

资料来源：根据中国城市轨道交通协会统计整理。

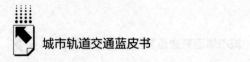
各地区针对电力用户认定的标准存在一定的差异，如有些地区规定 35kV 电压等级以上用户可作为一类用户，而有些区域则要求年用电量达到一定总量后方可以作为一类用户。

案例一　深圳地铁参与广东省电力市场交易情况及电价组成部分

根据广东省发改委的批复，深圳地铁用电属于大工业用电，执行深圳市工商业电价中的第二类工商业用电（原高需求用电）类别，执行两部制电价，不执行峰平谷电价政策，统一执行平段电价。

深圳地铁于 2016 年 4 月起参与广东省电力市场交易，按照最新规定，年用电量超过 1000 万千瓦·时的用户可作为大用户直接参与批发市场交易或通过售电公司代理参与市场交易。深圳地铁通过售电公司代理的方式参与广东省电力市场交易，每年通过招标方式确定合作的售电公司。

近几年，煤炭、天然气等一次能源价格波动较大，也影响了电力市场交易的价格，广东省电力市场交易发展过程中也经历了两个阶段。

第一阶段是 2016 年至 2021 年 11 月。这期间，由于一次能源价格较低，发电企业发电成本低于燃煤发电的基准上网电价（0.463 元/千瓦·时），国家对电力市场交易的价格也规定仅允许下浮，不得上浮。

第二阶段是 2021 年 11 月至今。由于一次能源价格的上涨，发电成本也同步上涨，为疏导电力企业的成本压力，国家将电力市场交易价格上浮比例提高到不超过基准价格的 20%，广东省电力市场价格也随之由下浮转为上浮。

深圳地铁历年电价也随着电力市场交易的价格变化而波动，另外国家对 2020 年 2~12 月全体工商业用户执行九五折电价优惠。2017~2022 年深圳地铁的电价情况如表 8 所示（金额均含税）。

表 8　2017~2023 年深圳地铁电价情况

项目	2017 年	2018 年	2019 年	2020 年	2021 年	2022 年	2023 年（预测）
电量(亿千瓦·时)	8.24	11.11	11.37	13.45	15.97	15.70	20
电费(亿元)	5.72	7.31	7.74	8.32	10.85	12.50	16.64
电力市场交易电价相对基准上网电价（元/千瓦·时）	-0.059	-0.075	-0.039	-0.050	-0.046	+0.059	+0.091
平均电费单价(元/千瓦·时)	0.694	0.658	0.681	0.619	0.680	0.796	0.832

资料来源：深圳市地铁集团有限公司。

深圳地铁 2023 年平均电费单价预计为 0.832 元/千瓦·时（含税），由以下部分组成。

（1）电能量电费（上网电费）。每年通过招标确定次年价格，深圳地铁 2023 年签订的合同价格为：90% 的电量执行 0.554 元/千瓦·时，10% 的电量执行月度现货浮动价（广东省规定此比例不得低于 10%）。

（2）输配电费。按国家发展改革委第三监管周期核定的深圳市输配电价执行。深圳地铁用电属于大工业用电，采用两部制的计费方式，由电度输配电费和基本电费两部分组成。电度输配电费单价为 0.1054 元/千瓦·时，按实际用电量计费；基本电费单价为每

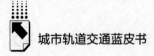

月 42 元/千瓦·时，按实际最大需量计费，将基本电费折合到每千瓦·时电的价格约为 0.11 元/千瓦·时。

（3）基金及附加费。由国家重大水利工程建设基金、大中型水库移民后期扶持基金、小型水库移民后期扶持基金、可再生能源电价附加费组成，合计为 0.0277 元/千瓦·时。

（4）市场化分摊电费。由变动成本补偿分摊电费、居民农业损益分摊电费、峰谷平衡分摊电费等费用组成，每月不固定，由广东省电力市场交易中心直接计算并分摊，价格约为 0.02~0.03 元/千瓦·时。

（5）系统运行费。包括辅助服务费用、抽水蓄能容量电费，由全社会工商业用户共同承担，价格约为 0.006 元/千瓦·时。

（6）力调电费。深圳地铁功率因数考核标准为 0.90，如达标则按比例奖励，不达标则按比例加收。深圳地铁目前仅少量未设置无功补偿装置的主变电所会加收力调电费，全线网奖励的力调电费大于加收的力调电费。

（三）地方优惠政策

各地优惠政策主要体现在执行无峰谷电价、发放可再生能源补贴、优先执行绿电交易等方面，除此以外，部分地区也有一些个性化的优惠政策。例如，根据《山东省购售电价执行细则》中免收基本电费政策，青岛 2 号、3 号、11 号、13 号线，济南 R1 线、R2 线、R3 线运营用电价格（含试运行期间）三年内按大工业电价执行，暂不收取基本电费，不执行峰谷分时电价。

五 思考与建议

在能源结构方面，目前，水电、风电、光伏、生物质均是主要的可再生能源形式，各城市轨道交通运营企业可采取多种措施，例如，通过采购低碳能源、推行光伏发电等来减少供电端碳排放。根据城市轨道交通占地与用能特点，分布式光伏发电技术已在城市轨道交通领域得到较为广泛的应用，氢能源等也具有较好的发展潜力。当前，光伏发电使用模式单一，多采用直流转交流、在设备使用端再将交流转为直流使用，新能源使用效率仍有待提升。建议城市轨道交通头部企业进一步加强对新能源发电和直流微网建设的研究，发挥城市轨道交通规模化优势，充分消纳新能源，建设多能协同互补的数字能源体系。

在能耗管理方面，建议各城市轨道交通运营单位将能源管理平台建设纳入线网或新建线路建设范围，将各类电源、负荷等资源进行聚合与协同，统筹车站、线路与线网各负荷之间运行策略，在提升自身能源利用效率的同时，提升城市削峰响应的能力，减少相应需支付的额外成本。在城市轨道交通规划、建设中，进一步引进吸收和推广先进能源理念和技术，完善用能监测管理平台，持续优化"能耗—客流实时耦合"模型和能源"供—用"评价评估体系。

节能应用篇

Energy Saving Part

B.4

城市轨道交通列车运行绿色节能分析

城市轨道交通列车运行绿色节能分析课题组 *

摘　要： 城市轨道交通运营能耗一半左右来自列车牵引。本文从车辆设备及运行控制、牵引供电节能技术、信号控制技术、列车运行组织等方面进行梳理，分析了列车节能技术和设备方面的探索

---

* 课题组成员包括：陈希隽，广州地铁集团有限公司运营事业总部副总经理兼总工程师，高级工程师，长期从事城市轨道交通维修维护工作；王江涛，北京京港地铁有限公司智能创新总管，高级工程师，参与多项交通运输部及北京市信号系统运营技术、维修管理、更新技术规范的编制工作；陈刚，广州地铁集团有限公司运营事业总部副总工程师，高级工程师，长期从事城市轨道交通维修维护工作；李翀，北京京港地铁有限公司技术工程经理，高级工程师，长期从事城市轨道交通综合技术研究和信号系统技术管理工作；陈斯，广州地铁集团有限公司运营事业总部基地维修中心技术管理主任，高级工程师，长期从事城市轨道交通车辆维修维护工作；王冬海，卡斯柯信号有限公司城轨高级产品经理，高级工程师，长期从事城市轨道交通信号系统研发与系统集成工作。

和应用，提出了城市轨道交通列车运行节能的发展方向，包括建立行业能耗监测和评价标准、多专业节能技术推广和应用、列车运行绿色节能技术改造等。

关键词： 城市轨道交通　列车运行　绿色节能

一　列车运行控制节能技术探索及应用

（一）车辆新技术、新设备

在用能侧，车辆应充分考虑采用碳化硅、客室智能照明、永磁同步牵引技术、轻量化设计、高频辅助逆变器、变频空调（或控制技术）等新技术、新设备。全国大部分企业应用了客室智能照明、变频空调等新设备，推广了永磁同步牵引技术和空调载荷控制技术。在实际测试中，客室 LED 照明相比传统荧光灯节能率高达40%，供冷期间变频空调相较于定频空调节电率达到 20% ~ 28%，永磁同步牵引技术相比现有异步交流牵引技术节能率通常在15% ~ 25%。

碳化硅、地面能馈技术等由于成本较高、建设较复杂等因素，仅在个别线路落实示范性工程使用。轻量化设计包括优化结构设计、改进材料工艺及使用新型材料，适合在新车制造期间进行应用，既有运营线路列车改造难度较大（见表1）。

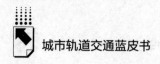

表 1　车辆新技术、新设备应用调研情况

单位：家

新技术、新设备	应用企业数量
客室 LED 照明	18
变频空调	15
永磁电机	10
自动感光调节技术	9
空调载荷控制技术	6
地面能量回馈（取消车载制动电阻）	6
（中）高频辅助逆变器	5
列车新材料轻量化	4
碳化硅	4
车载能源管理系统	1

资料来源：根据调研整理。

案例一　广州地铁 1 号线电气系统更新改造新设备应用案例

广州地铁结合 1 号线 A1 型车二次大修项目，完成 21 列车电气系统整体更新改造，在改造项目实施方案中，牵引系统采用 IGBT 逆变模块升级替代原车 GTO 逆变模块，通过中高频辅助逆变器提升电能转化效能，照明由荧光灯改为 LED 灯，使用 LCU 替代继电器，空调采用新一代载荷控制曲线，同时列车整体减重 7.8 吨，实现轻量化，并试验 2 列车永磁电机新技术改造，探索结合车辆架大修开展既有线列车整体化节能改造工作。

在 2023 年进行能耗试验，对比分析了广州地铁 1 号线永磁同步牵引系统列车与异步牵引系统列车能耗情况，结果显示单牵引系统能耗永磁系统相比异步牵引系统约节能 23%。

案例二　广州地铁新车项目应用

广州地铁在新线项目大量应用了永磁同步电机、中高频辅助逆变器、客室 LED 照明、变频空调与空调载荷控制技术等新设备、新技术，并开展了碳化硅的试点应用，其应用情况和节能情况如表 2 所示。

表 2　广州地铁车辆节能应用情况

序号	线路	应用情况	节能情况
1	3 号线增购车 18 列	永磁同步电机	节能率约 15%
2	7 号线二期 19 列车	永磁同步电机	节能率约 15%
3	3 号线东延线 10 列车	变频空调	节能率约 23.67%
4	3 号线增购车 18 列	客室 LED 照明及自动感光调节技术	待后续验证
5	3 号线增购车 2 列	碳化硅牵引变流器及永磁同步电机	待后续验证

资料来源：根据调研整理。

案例三　深圳地铁新技术应用

深圳地铁 10 号线车辆采购项目作为试点推广项目，在全部 35 列 8 辆编组的列车中，选取 10 列安装了永磁牵引系统。

经分析 2023 年 1~4 月的数据，异步牵引系统每公里平均牵引能耗约 7.80 千瓦·时，单节动车每公里平均牵引能耗约 1.30 千瓦·时；永磁牵引系统每公里平均牵引能耗约 4.61 千瓦·时，单节动车每公里平均牵引能耗约 0.92 千瓦·时。永磁牵引系统较异步牵引系统整车总体节能约 41%，单节动车节能约 29%。

永磁牵引变流器的功能、使用寿命、维护要求等与异步 IGBT 牵引变流器基本一致，在装车前后均完成了相关标准试验。但目前永磁牵引系统受限于应用规模，尚未经过 1 个大修周期的运行考

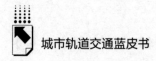

核，安全性、可靠性未经充分验证。同时永磁材料退磁、故障时的反电势冲击等风险仍待进一步研究。

案例四　洛阳地铁新设备应用

1. 轻量化高能效比节能变频空调

洛阳地铁1号、2号线共计41列车，其中40列车采用定频空调技术，1列车的一个单元采用定频加变频技术。洛阳地铁在1号线科研车0121车采用轻量化高能效比节能变频空调技术，1号、2号、3号车共安装6个节能空调机组。截至2023年6月，高能效比节能空调的能耗与原空调相比，耗电量降低19%。同时由于采用轻量化技术，1号线科研车空调机组重量由710kg降低至656kg，减重54kg，间接降低了车辆牵引耗电量。

2. 自动调光客室照明装置

洛阳地铁1号、2号线41列电客车客室照明装置均实现自动调光功能。洛阳地铁电客车每节车设置一套光线传感器和调光控制器，对电源的输出进行集中控制，可以确保灯具的发光随外界环境照度变换而变化，充分利用LED的可控性达到节能环保的目的。

（二）车辆运行控制技术优化探索及应用

基础设施中对运行能耗造成影响的因素主要为列车属性和线路条件。前者包括牵引动力特性、列车流线设计、车载辅助设备以及列车车辆类型；后者包括坡道设计、曲线半径以及站间距。在列车属性的因素中，车辆运行控制技术的牵引动力特性占比较大，达到

60%~80%，因此，从车辆牵引特性曲线深入挖掘节能效益，具有重要意义。

国内大部分牵引供货商会将车辆在 AW0 载荷的牵引特性，设计成将最大牵引力直接延伸至最大牵引包络线的方式，恒转矩切换恒功率控制的速度转换点设置在约 55km/h 左右（见图 1）。其设置的目的在于尽量提升车辆的牵引性能，但相对会增加在此时的牵引电流及车辆能耗，通过对该设计进行优化研究，在满足线路牵引特性的情况下，尽可能降低列车牵引能耗。

牵引力方面，车辆在 AW2 载荷以上时，优化后的牵引特性与原特性保持一致；车辆载荷在 AW0 至 AW2 载荷时，优化后的牵引特性由于较早进入恒功率区，虽然牵引力与未改之前相比有所减小，但在列车速度大于 40km/h 后车辆相对能耗降低。使用优化后

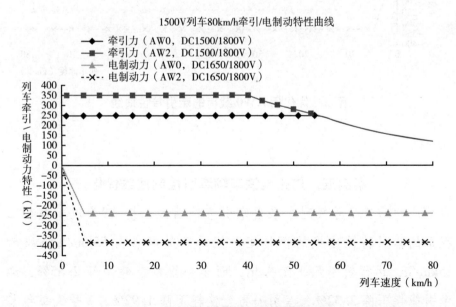

图 1　原 AW0 载荷的牵引特性曲线

的牵引特性后，车辆在不同载荷时表现出的牵引加速性能基本相当，而在电制动力方面与原特性保持一致。

通过牵引控制曲线节能技术研究，对 AW2 以下载荷工况下的牵引特性曲线的恒转矩转恒功率转换点进行优化（见图 2），在对实际运营不造成显著影响的情况下，具有较大的节能效益。

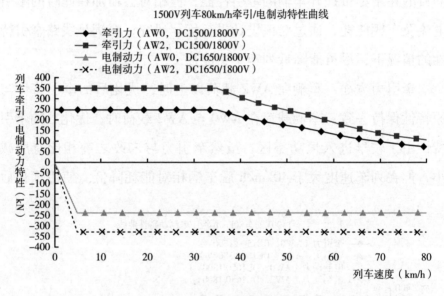

图 2　优化后 AW0 载荷的牵引特性曲线

案例五　广州地铁车辆牵引控制曲线优化

广州地铁 7 号线列车采用牵引节能曲线，将 AW2 以下载荷工况下的牵引特性曲线的恒转矩与恒功率转换点由 55km/h 调整为 35km/h，运行效率几乎无变化，而车公里总能耗下降 2.35%，纯牵引能耗下降 2.32%，牵引—再生能耗下降 1.92%，7 号线每年节约牵引能耗 47.3 万 kW·h。

（三）牵引供电节能技术探索及应用

轨旁能量回馈装置是近年来备受关注且在城市轨道交通系统中实际运用较广的节能设施之一。列车在制动过程中会产生大量的回馈能量，可以通过能量回馈装置回馈到电网中，达到能源节约的目的。吸收列车再生制动能量的装置主要有三种：耗散式、能馈式和储能式。

耗散式是当前主要方式，即通过车载电阻或地面电阻消耗掉，完全将电能转化为热能消耗，没有节能效果。

能馈式是将再生制动的能量反馈到变电站，再供列车使用。其中目前较为主流的是逆变能馈装置，通过采用电力电子器件构成三相逆变器，将未被相邻列车吸收的再生制动能量逆变至中压侧或者高压侧供电网的其余负载使用。逆变器交流侧与交流电网相连，直流侧与牵引网相连，逆变装置可以通过晶闸管、IGBT等大功率器件实现。通过此方式，再生能量可以得到较高地利用，但系统有一定的谐波影响，需要有一套较为复杂、精准的控制方式。

储能式是采用超级电容、锂电池或镍氢电池等二次电池和飞轮作为储能元件，将列车再生制动能量储存起来，再直接从储能元件供给列车。评价储能元件的性能指标通常包括能量密度、功率密度、充放电效率、价格、寿命、维护性等，目前还没有一种储能元件在这些性能指标中处于绝对优势的地位，并且不同类型的储能元件也存在一定的不足，如超级电容一般占地面积比较大，飞轮系统结构复杂等，未来还需进一步进行研

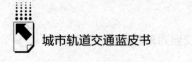

究和改进。

（1）超级电容

超级电容具有良好的功率性能，可以实现多次充放电循环，且循环效率较高。目前，已推出基于双电层电容器的轨旁储能装置，并运用于不同城市的轨道交通线路中，但因其充放电原理，通常占地面积较大，还需合理设计。

（2）飞轮

飞轮是一种机械储存装置，通过将电能储存在转子的运动中而将其转化为旋转动能。飞轮可以提供不同转速的系统，且充放电过程速度快，循环耐久性高，寿命长，储能量大，但结构相对复杂，未来还需进一步优化结构、降低维护难度。

（3）锂电池

锂电池是一种基于化学键的储能技术，成本低，具有较高的能量密度，但对温度较为敏感，使用寿命相对较短，一般最多15年。

（4）镍氢电池

镍氢电池是镍镉电池的进一步发展，取代了有毒的镉元素。镍氢电池具有良好的性能，但对温度较为敏感，能量密度较低，效率较差，成本相对较高。目前，基于镍氢电池的轨旁储能装置技术应用相对较少。

案例六　部分轨道交通行业企业能馈式装置应用情况

①深圳地铁6号线、8号线、10号线及后续线路全面应用牵引供电系统中压能馈设备。深圳地铁使用的回馈式再生能源吸收装置不需要配置大容量储能元件，不存在电阻发热问题。该吸收

方案有利于能源的综合利用，提高了电能的使用率，并降低了地铁运营成本。同时深圳地铁 12 号线使用的中压能馈装置，使用浮动电压启动门槛，能根据实际实时网压波动去判断是否存在列车制动刹车后启动装置回馈功能。在不考虑能馈装置故障和维护成本的前提下，2021 年以来节省电费支出约 2400 余万元。

②苏州轨道交通 2 号线徐图港站、桐泾公园站以及 4 号线苏州湾北站、苏州湾东站进行再生制动能馈装置挂网试验。设备投入运行后，经测算，每套设备平均每天回馈电量 800 ~ 1200 千瓦·时，其中桐泾公园站采用电容储能，回馈吸收电量较少，其他三个站采用 35 千伏中压逆变，回馈吸收电量较高。

③重庆轨道交通 9 号线采用了中压能馈制动能量吸收技术，通过计算逆变回馈电量与牵引耗电量之比，能够反映全线整体的节能效率。根据运行能耗的实测数据，2023 年第一季度逆变回馈电量与牵引耗电量的比值为 15.57%，第二季度的比值为 13.98%，列车的再生制动能量相当可观。

案例七　青岛地铁储能式装置应用情况

2022 年 4 月青岛地铁 3 号线 2 台 1 兆瓦飞轮储能装置挂网，可实现再生制动能量再利用、稳定牵引网电压、避免反送电对城市电网的影响，迭代提升后，将用于运营线路改造，并在三期线路推广应用，可实现牵引能耗节约 15%，线网每年可节电 5000 万千瓦·时。

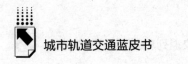

（四）信号控制系统优化

目前，国内外主流的信号系统是基于通信的列车控制系统（Communication Based Train Control System，以下简称 CBTC 系统）。CBTC 系统主要通过以下两种方式实现节能控制。①通过列车自动运行系统（ATO）来实现对单列车的节能控制；②通过列车自动监控系统（ATS）来实现多列车的运行组织优化，结合不同时间段的运营需求，实现节能控制。

1. 信号 ATO 节能技术

信号 ATO 节能技术的核心是对列车自动运行控制模型、算法和控制策略进行优化设计，尽可能地增加列车的惰行距离，减少不必要的牵引制动切换，同时对列车在上下坡、弯道曲线等不同运行场景下进行最优控制，最大限度地利用能量，从而实现节能。

（1）增加列车的惰行距离

此方法是使列车在站间牵引和制动命令方面的变化次数最少，减少牵引和制动转换带来的能量消耗。通过这种控制策略，可减少传统的只参考区间线路限速来控制列车运行速度的情况，从而达到更为平顺且更为节能的列车运行控制效果。

传统的 ATO 紧凑运行控制模型下，ATO 控制列车贴近线路最高限速运行，区间运行过程中出现大量的牵引和制动切换（如图 3中圆圈处所示）。

优化后的 ATO 节能运行控制模型下，ATO 控制策略上不再贴近线路最高限速，而是通过减少牵引制动切换（如图 4 中圆圈所示），

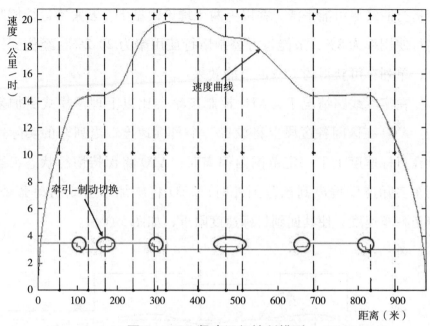

图3　ATO 紧凑运行控制模型

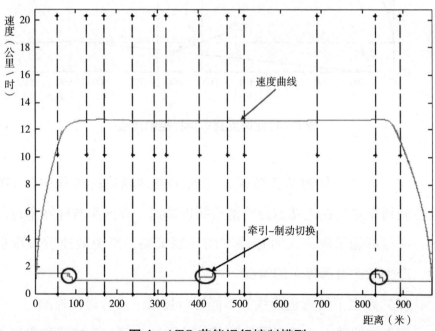

图4　ATO 节能运行控制模型

使运行曲线尽可能平滑。在以上两个理论模型下，若紧凑运行控制惰行使用率为8%，节能运行控制惰行使用率为20.2%，经仿真计算，单列车可获得约15%的节能效果。

在实际线路情况下，ATO控制策略会比以上理论模式更加复杂。ATO在区间各区段上将设置一个目标速度，当列车的实际速度在目标速度上下一定范围内偏离时，ATO将保持惰行状态；当列车实际速度偏离到该范围外时，ATO将施加牵引或制动命令，修正列车速度，使其回到目标速度附近，如图5所示。

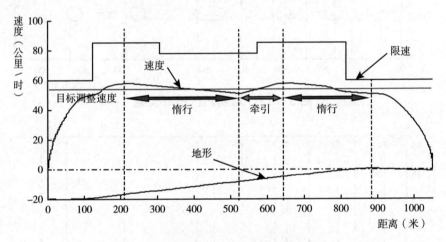

图5 目标速度列车运行控制曲线

为了达到更好的节能效果，在列车进站减速的过程中，ATO应控制列车尽量在进站前提前惰行缓慢减速。在列车对标停车过程中，应尽可能采取一次对标停车的控制策略，避免减速后再次启动，产生二次对标停车的情况。

（2）在上下坡弯道曲线等不同运行场景下进行最优控制

列车在线路上的运行受线路条件的限制，例如，坡道和弯道等因素。如何有效地利用线路条件的势能因素，最大限度地转变为列车动能，减少制动带来的能量损失，在能量利用上达到动态平衡，是信号 ATO 节能运行控制的另一个研究方向。

在线路坡度较大的区域，ATO 应尽可能利用坡度，进行势能和动能的合理转换，对坡道速度进行提前预判和计算。例如，在进入上坡区域之前，尽量加大上坡的入坡速度，利用惰行运行至上坡终点；在下坡过程中，通过预判可保证列车出坡速度不超过限速的前提下，尽量避免下坡过程中的制动。

在列车通过弯道时，如果速度不合理，则车轮的内侧咬合轨道程度加深致使摩擦力增大，造成大量的能量损失。因此，在制定 ATO 控制策略时，应充分考虑弯道的线路因素，在列车进弯时，提前缓慢减速；在弯道上运行时，应尽量控制列车速度与弯道设计限速相匹配，尽可能地减少过大的摩擦力造成的能量损耗，从而达到节能目的。

2. 信号 ATS 节能技术

ATO 实现的是对列车运行的实时控制和调整。而从整体的列车运行组织角度来看，ATO 是在 ATS 的指挥下完成列车运行控制的。ATO 根据来自 ATS 区间的运行等级或时间要求，自主实现对列车点到点运行的控制。

（1）ATS 运行等级设置

ATS 通过设置不同的列车运行等级（一般设置为 4 级），相邻的运行等级之间的允许速度的差值一般为列车最高运行速度的 10%。最高等级的允许速度一般与列车最高运行速度保持一致。在实际应用过程中，系统可自动匹配到合适的运行等级，或者可由调度员手动设置运行等级，控制列车以更节能的方式运行。

以北京地铁 17 号线为例，ATS 可设置 4 个列车运行等级。各等级对应的列车允许速度曲线如图 6 所示。

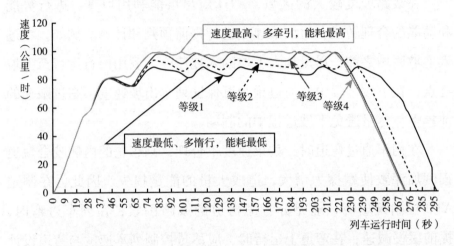

图 6　北京地铁 17 号线不同 ATS 运行等级下的速度曲线

（2）利用再生制动实现节能

ATS 可利用能馈式再生制动原理，实现全线制动和牵引列车在运行图与实际运行时的最优匹配，将列车停车制动时反馈到电网的能量，最大限度地用于同一时间段正在牵引的列车的牵引供能，以减少全线列车总能耗。

多车再生制动节能研究包括探索再生制动的能量消耗和回馈模型，以及如何协调同一供电区域列车，最优化利用再生制动能量。ATS 与供电区间的一体化设计，将使同一供电区间内的车辆在制动时机和牵引时机上获得最大重叠，并获得最大节能效果。

案例八 青岛地铁 11 号线信号节能优化

青岛地铁 11 号线在 ATO 节能控制曲线上开展了研究和应用。在传统的 ATO 设计中，虽然在同一区间按不同运行等级设计了不同的列车控制曲线，但各个控制曲线都有较为频繁的牵引和制动切换（见图 7），导致列车运行速度波动明显，能耗较高。

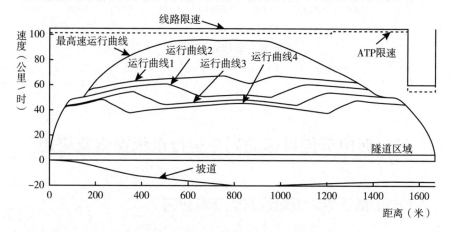

图 7　传统的运行控制曲线

青岛地铁 11 号线采用优化方法重新设计了不同运行等级下的列车运行控制曲线，结果如图 8 所示。可以看出，ATO 仅在出站阶段施加较大牵引，在进站阶段施加较大制动。在区间大量采用惰行工况，充分利用线路下坡，实现节能运行。

青岛地铁 11 号线通过以上 ATO 节能设计的应用，牵引能耗节能率约为 17%。从节能的经济效益来看，全年节约牵引能耗 700 余万 kW·h，节约电费 500 余万元。

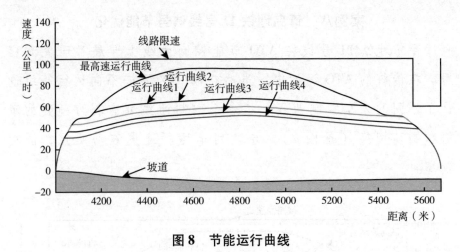

图8　节能运行曲线

二　面向节能目标的列车运行组织探索及应用

（一）基于灵活编组运营的节能研究

从上海地铁平峰时段的运能运量匹配情况来看，大部分线路的平峰最大断面客流均低于1万人，多数线路平峰时段的最大满载率在40%以下，3号、4号线甚至不到20%。针对不同时段内客流变化较大的线路，多编组列车混合运营的组织模式是节能效果较好的一种方式。

上海地铁16号线实现了两列三编组车联挂形成一列六编组列车的运营组织模式，可以在高峰期投入六编组列车运营，平峰期解编为三编组运营，这样在不造成运力浪费的情况下，能够尽可能缩短行车间隔，极大地降低了列车空载里程。

通过调整列车编组模式，从固定编组优化成灵活编组形式，实现小编组、密间隔的服务方式，平衡运力及服务水平之间的矛盾，在保证服务水平的同时，可以提高城市轨道交通运营的经济性。在保证运营灵活性的同时，实现能耗的节省以及车辆行走公里的降低，同时可延长列车的架大修周期。

（二）基于运行图调整的节能研究

基于运行图调整的节能技术是指在保证线路全周转时间尽量不变、上线运营列车数量不增加、列车区间旅行速度不降低的前提下，在列车运行组织过程中，综合考虑列车处于不同时段、不同间隔下的需求，采用高峰和非高峰时段区别对待的运行调度策略。主要包括以下两个方向。

（1）平峰时段的停站时间优化

在传统的运行图中，各站在高峰、平峰期间停站时间基本相同。在满足必要的上下客时间、司机站台作业时间和设备设施动作时间的前提下，可适当压缩平峰时间的列车停站时间，从而增加列车在区间的运行时间以便适当降低 ATO 控制的目标速度，减少列车区间能耗。

（2）早点列车区间运行时间优化

针对车站普遍存在列车早到站的情况，梳理早点频发的车次、早点频发的车站，结合当前应用的 ATS 列车运行等级配置情况，分析判断易早点车次区间运行时间的优化空间，进而优化列车运行等级的参数，使运行等级的应用更加准确合理，实现列车运行节能控制。

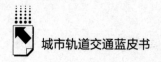

案例九 京港地铁通过 ATS 运行等级调整实现节能

京港地铁在北京地铁 14 号线行车组织上根据不同时段的运营需求，灵活应用 4 个列车运行等级。

➤等级 1（快速）：区间运行最高速度为 75km/h，惰行速度阈值为 73km/h。

➤等级 2（正常）：区间运行最高速度为 75km/h，惰行速度阈值为 67km/h。

➤等级 3（慢速）：区间运行最高速度为 70km/h，惰行速度的阈值为 62km/h。

➤等级 4（特慢）：区间运行最高速度为 65km/h，惰行速度阈值为 57km/h。

实际运营发现，ATS 的 4 个运行等级所定义的区间运行时间与列车的实际区间运行时间并不能完全匹配，从而导致对运行等级的选择不准确。通过开展现场测试，收集列车在不同运行等级下准确的区间运行时间数据，与各运行等级区间运行时间进行对比分析，对 ATS 各运行等级的参数进行精整，从而在不降低服务质量（即不改变时刻表）的前提下，ATS 在各区间将准确匹配到相对应的运行等级，达到更好的节能效果，具体如下。

（1）通过调整运行等级的节能方案应用后，平日图日牵引电量有明显的降低；取方案应用前 34 天的日平均牵引电量（190697千瓦·时），方案应用后 25 天的日平均牵引电量（172672千瓦·时）进行对比分析，应用前后平日图日平均牵引电量降低约 1.8 万千瓦·时，节能率约 9.5%。

（2）通过调整运行等级的节能方案应用后，双休图日牵引电量有明显的降低；取方案应用前 13 天的日平均牵引电量（160860千瓦·时），方案应用后 14 天的日平均牵引电量（144309千瓦·时）进行对比分析，应用前后双休图日平均牵引电量降低约 1.66万千瓦·时，节能率约 10.3%。

综合计算，采用调整运行等级的节能方案后，每月电量节省预估超过 52 万千瓦·时，每年电量节省预估超过 630 万千瓦·时。

案例十 上海地铁平峰时候运行调整实现节能

上海地铁 2021 年起对部分线路实施平峰节能方案，目前已陆续对 1 号、3 号、4 号、8 号、14 号、15 号、17 号线平峰实施减能。在满足客流需求的同时，适当降低运能。

表 3 上海地铁平峰节能调整效果

线路	实施日期	原平峰间隔	调整后间隔	调整效果
17 号线	2021 年 6 月 27 日	8 分钟	10 分钟	节省 2 列车,每日减少约 661 列公里
14 号线	2022 年 11 月 29 日	6 分钟/12 分钟	8 分钟	节省 3 列车,每日减少约 325 列公里
15 号线	2022 年 11 月 29 日	6 分钟/12 分钟	8 分钟	节省 3 列车,每日减少约 417 列公里
1 号线	2023 年 3 月 17 日	4 分钟/平均 6 分钟	5 分钟	节省 2 列车,每日减少约 286 列公里
8 号线	2023 年 5 月 6 日	4 分钟/8 分钟	4 分钟 20 秒/8 分钟 40 秒	节省 3 列车,每日减少约 280 列公里
3 号线	2023 年 6 月 27 日	7 分钟/14 分钟	8 分钟	增加 1 列车,不增加运行里程
4 号线	2023 年 6 月 27 日	7 分钟	8 分钟	节省 2 列车,每日减少约 441 列公里

资料来源：根据调研整理。

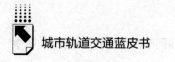

三　思考与建议

城市轨道交通节能技术是一项系统工程，车辆、信号、供电等多专业在节能上都有技术相关性和依赖性，因此需要从节能角度开展顶层设计，使各专业零散的节能设计融合成为一个统一的节能方案，从而达到最佳的系统性节能效果。

国内普遍推广基于客室照明、牵引、通风空调等节能装备的应用，但行业内对相关技术规范和设备标准的制定，以及车辆、供电等装备的能耗限值还未形成规范，后续应进一步建立行业和企业能耗监测、评价标准，同时，在新线路建设时应结合实际情况对多专业节能技术进行推广和应用，具备条件时，在运营阶段对列车运行绿色节能技术进行改造。

B.5
城市轨道交通通风空调系统绿色节能分析

黄建辉 刘红波 马 冰*

摘 要： 本文主要从四个方面对城市轨道交通通风空调系统绿色节能进行分析。一是研究了地铁车站、地铁列车通风空调系统的能耗影响因素。二是梳理了通风空调系统节能管理创新及应用，对比了各城市之间车站空调系统使用上的差异，分析了通风空调系统的节能控制措施，总结了各城市列车"强冷弱冷"车厢的应用情况。三是分析了通风空调系统节能控制技术探索及应用情况。四是从强化日常维护、综合考虑建设成本与运维成本、建立车站通风空调系统数据平台等方面提出了城市轨道交通通风空调系统绿色节能建议。

关键词： 城市轨道交通 通风空调系统 绿色节能 节能管理 节能技术

---

* 黄建辉，深圳地铁运营集团有限公司总工程师，高级工程师，在地铁建设、运营管理尤其是环控专业方面经验丰富；刘红波，深圳地铁运营集团有限公司总工程师办公室副部长，在地铁设备管理、技术管理、节能管理等方面经验丰富；马冰，工程师，从事多年地铁供电系统技术管理工作，现从事地铁节能管理、能源管理、电力市场交易方面工作。

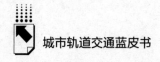

通风空调系统是城市轨道交通的用电大户，约占总能耗的
30%，节能潜力相对较大。地下车站全年通风空调系统运行能耗
中，风机和冷水机组能耗占比较大，通过高效节能的工艺设计，优
化风机和冷水机组的运行模式，是地铁通风空调系统的节能重点。

一　通风空调系统能耗影响因素

地铁车站通风空调系统主要由车站通风空调系统和隧道通风系
统两部分组成，对于采用全封闭型站台门的车站，两个系统是相对
独立的。列车通风空调系统能耗在列车总能耗中也占有一定比重。

1. 车站通风空调系统

车站通风空调系统包括车站公共区通风空调系统（兼排烟系
统），简称"大系统"；车站设备管理用房通风空调系统（兼排烟
系统），简称"小系统"；车站空调水系统。

设备方面，早期开通的线路通风空调能效普遍较低，且未采用
变频控制、智能调控等技术。通风空调系统在小负荷的情况下，电
机仍处于工频运行，无法根据实际负荷需求对冷风量进行调节，造
成能源浪费。

管理方面，各城市对车站公共区空调温度设置的标准不统一，
我国南北方气候差异较大，各城市的制冷季节时长也存在较大差
异，导致车站通风空调系统的能耗存在差异。

2. 隧道通风系统

区间隧道通风系统包括区间隧道活塞风与机械通风系统（兼
排烟系统），负责区间隧道的正常通风兼排烟、阻塞工况通风和早

晚换气、排除空气异味、改善空气质量等工作。车站隧道通风系统包括车站范围内站台门外轨行区的站台下排热和车行道顶部排热系统。

由于各城市对隧道通风系统的使用规定存在差异，且隧道通风系统的功率较大，各城市之间的能耗差异较为明显。另外，随着牵引供电系统能量回馈和储能技术的推广应用，列车制动能量无须通过制动电阻消耗，列车底部发热大大减少，因此，可以考虑根据工程实际情况，研究取消站台下排风道的可行性，这不仅可以减少专业投资，简化通风及防排烟的控制模式，还可减少与供电等其他专业的接口与建设成本。

3. 列车空调系统

空调系统是车辆的重要组成部分，实现车辆内部空气制冷、新风换气、紧急通风等多项功能，用于满足乘客的舒适性要求。列车空调系统能耗影响因素主要包括以下四个方面。

（1）能源利用效率

列车空调系统需采用高效节能的能源利用技术，如变频调速技术、高效换热器等。同时，通过智能控制功能，可以根据车厢内外温度、人员流量、冬夏季节等参数进行精确调节，避免能源浪费。

（2）空气质量控制

列车空调系统需具备良好的空气过滤和净化功能，有效去除车厢内的污染物和异味，提供良好的乘车环境。同时，通过实时监测车厢内的空气质量，并根据需要对回风及新风混合比例进行调节和控制，充分利用回风，降低能源消耗。

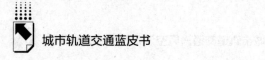

（3）保温材料应用

列车空调系统需采用节能材料，如高效隔热材料、隔热玻璃等，减少能量的传导和散失。此外，系统中的设备和部件也需选择节能型产品，如高效压缩机、低功耗风机或变频风机等。

（4）节能运维管理

列车空调系统的运维管理也是节能的重要环节。应建立科学的运维管理制度，定期对空调机组进行检查和维护，及时清洗和更换滤网、检修和调试设备，确保系统的正常运行和高效节能。

二　通风空调系统节能管理创新及应用

1.车站通风空调系统

大系统正常模式有小新风、全新风和通风三种运行工况。目前应用自动焓值控制来实现模式的切换，也可使用人工判断工况方式进行设置和切换。

制冷季节小新风工况：空调系统采用小新风加一次回风运行，回风与新风在混合室混合，经空调柜表冷器处理后送出。

过渡季节全新风工况：采用全新风空调运行，关闭空调新风机，打开全新风阀，空调机组处理室外新风后送至空调区域，回/排风机正压端的回风阀关闭，排风阀全开，回/排风全部排出室外。

非制冷季节全通风工况：停止冷水机组运行，关闭空调新风机，打开全新风阀，室外空气不经过冷却处理，由空调机组直接送至公共区，回/排风机正压端的回风阀关闭，排风阀全开，回/排风全部排出室外。

　　以深圳地铁为例，每年根据季节变化进行运行模式的切换。一般情况下，制冷季节运行月份为 4 月中旬至 11 月中旬（合计 7 个月），过渡季节运行月份为 3 月初至 4 月中旬、11 月中旬至 11 月底（合计 2 个月），非制冷季节运行月份为 11 月底至次年 2 月底（合计 3 个月）。

　　（1）制冷季节车站空调温度设置及节能管理措施

　　由于国内部分城市气候和使用习惯的差异，空调制冷季节的天数和空调温度设置有所不同，详见表 1。

表 1　部分城市车站制冷天数和温度设置汇总

单位：天，℃

城市	制冷季节天数	站台设置温度	站厅设置温度
郑州	120	26	26
苏州	120	26~28	28~30
洛阳	121	30	28
北京	122	30	29
石家庄	122	28	29
常州	130	28	29
济南	150	25	26
重庆	150	26	26
福州	150	24~30	24~28
西安	153	26~29	26~29
合肥	180	26	26
南京	180	29	30
上海	180	28~29	30
佛山	183	28	29
温州	184	26	26
南宁	188	27	29
广州	191	27	29
深圳	210	26	28

资料来源：根据调研整理。

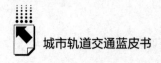

考虑到关站前客流较小，国内部分城市会在运营结束前约半小时提前关闭车站大系统，利用车站公共区域的余冷来满足乘客服务的需要。

案例一　合肥地铁优化大、小系统运行时间

合肥地铁优化大、小系统运行时间表，结合气温变化，调整空调季冷水机组的运行天数；优化冷水机组出水温度，控制表冷器水流量与风机箱体进风量调节，探寻风机频率的最优设置，降低能耗。

案例二　石家庄地铁应用风水联动节能控制系统

石家庄地铁开展风水联动节能控制系统的应用，通过节能控制系统对蒸发冷水机组、冷冻水泵、空调机组、回排风机、风阀工艺参数及设备参数的采集，计算并记录空调机组的输出能量趋势序列，结合系统特性、循环周期、历史负荷数据等推理预测系统的负荷，从而确定空气处理机组的最佳运行参数，实现空调区域温度的精确控制，在保证服务质量的前提下，最大限度地降低系统的能耗。

案例三　西安地铁优化大系统运行

西安地铁在制冷季节车站大系统运行时，当车站公共区温度低于26℃时，只开启车站一台大系统空调机组及对应的回排风机，关闭另一台大系统空调机组及对应的回排风机，调整两端系统设备机组轮换开启运行，原则上每隔2个小时轮换一次，优先采用变频

运行。当室外出现 35℃ 以上高温天气情况下，在 12：00~17：00 期间，车站大系统采用全回风方式运行。

案例四　广州地铁进行合同能源管理

广州地铁 3 号线、5 号线已开展合同能源管理，主要通过更换高效节能的车站通风空调设备、增加节能控制系统实现环控设备节能，并通过购买冷量的形式与供冷单位签订合同。合作单位在合同期内负责空调系统的改造设计、采购、安装、调试、运维服务及废旧设备搬运、处理，为地铁车站运营提供供冷运维服务，提高地铁车站空调系统能效指标，保证室内环境满足温度、湿度和空气品质的要求，并承担空调系统运行所需的水、电消耗费用及运维费用。广州地铁按照合同约定的冷量采购单价向合作单位支付费用。合同期满，由合作单位按约定的能效水平移交广州地铁。

（2）过渡季节车站空调使用方式及节能管理措施

过渡季节的早晚温度相对较低，采用全新风运行可以充分利用外界冷源，减少冷水机组的消耗。中午时段（11：00~16：00）外界温度有可能升高超过站台控制温度，这时如果继续维持全新风模式，需要消耗的冷量比小新风模式更多，可按焓值自动控制转换工况（全新风与小新风互相转换），以减少能耗。

案例五　福州地铁过渡季节优化车站大系统运行模式

福州地铁规定每年 4 月 10 日至 5 月 31 日、10 月 1 日至 11 月 10 日为空调过渡季节，车站大系统运行时间按照过渡季节模式控

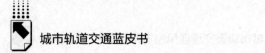

制，即车站冷水机组根据公共区温度情况控制启停，当车站公共区温度大于28℃时，由环调开启冷水机组；当公共区温度低于24℃且持续0.5小时以上时，环调关闭冷水机组。

（3）非制冷季节车站通风空调节能管理措施

非制冷季节全通风工况时，空调设备全部投入变频运行，风机基本处于低频运行，可视情关闭大系统回排风机，在关闭回排风机期间，应密切关注公共区二氧化碳浓度情况。

2.隧道通风系统

（1）使用和测试节能措施

各城市由于气候条件的不同和使用习惯的差异，对隧道通风系统制定了不同的使用和测试规定，均能起到节能的效果。如深圳地铁规定TVF风机、U/O、射流风机每季度进行一次性能测试，部分城市也规定每月进行一次性能测试。福州地铁规定正线排热风机运行时间为全年每天11：00~15：00，控制中心每天按时开关排热风机，如有特殊要求需变更排热风机启停时间，经检测隧道温度在规定范围内，可继续逐小时调整运行时间。南宁地铁每月10日、20日、30日（2月为28日或29日）运营结束后执行30分钟通风模式，开启隧道风机，大型作业期间由作业部门向车站申请临时开启隧道风机。每月5日、15日、25日的12：00~15：00开启轨排风机。

（2）配合检修作业的节能措施

日常配合检修作业时，应开启隧道通风系统，但是如果全部检修作业均开启隧道通风系统，将会造成能耗的浪费。一般情况下，钢轨打磨作业、特殊情况下粉尘较大和人员较多的大型施工作业需要开启隧道风机进行通风。

3.列车空调系统

考虑到乘客对车厢温度的体感存在差异，目前各城市已普遍设置"强冷弱冷"车厢，既能节约能源，又能满足乘客的个性化需求。以深圳地铁为例，列车空调强冷车厢的设置温度为23℃。弱冷车厢较强冷车厢目标温度上调1~2℃，另外，考虑到不同客流强度对车厢实际温度的影响，深圳地铁在AW0载荷情况下，自动将设置温度上调1℃；AW1载荷情况下不调整；AW2载荷情况下自动将设置温度下调1℃。表2是部分城市"强冷弱冷"车厢的温度设置情况。

表2　部分城市"强冷弱冷"车厢的温度设置情况

城市	强冷车厢温度设置标准	弱冷车厢温度设置标准
合肥	22~24℃	24~26℃
深圳	22~23℃	23~25℃
佛山	22~24℃	24℃
重庆	26℃	27℃
西安	25℃	27℃
福州	21~25℃	23~27℃
常州	24℃	27℃
上海	24℃	26℃
苏州	23℃	24~26℃

资料来源：根据调研整理。

三　通风空调系统节能控制技术探索及应用

1.车站通风空调变频技术

通风空调系统变频技术的应用，即通过硬件方面增加变频器回路，软件方面在现有的设备监控系统 HMI、PLC 工程中深度集成，增加变频工艺参数及相关监控功能，根据车站公共区的温湿度和 CO_2 浓度变化进行变频调节，在保证空气质量的前提下达到节能目的。

案例六　苏州地铁、上海地铁空调变频技术应用

苏州地铁 1 号线、4 号线（除三元坊站外）采用空调水系统节能，冷却水泵及冷冻水泵均装设变频器，可根据需求实行变频运行；2 号线、3 号线及 4 号线三元坊站采用风水联动系统，除变频水泵外，通风空调大系统设备均装有变频器，可实现水系统和风系统联动调节。4 号线三元坊站建设了智能高效空调系统。

地下车站通风空调系统选型通常都是按照地铁运行远期最大负荷时的需求进行选择的，在设备实际运行过程中，车站的通风空调负荷往往达不到设计的最大负荷。空调智能水变频技术可实现车站空调水系统适应变负荷工况，起到节能作用。自 2011 年起，空调智能水变频技术已在上海轨道交通 1 号线、2 号线、4 号线、6 号线、7 号线、8 号线、9 号线、10 号线、11 号线、13 号线、16 号线的 116 座地下车站进行了改造应用。另外，上海地铁 5 号线南延、9 号线三期、17 号线、14号线、15 号线、18 号线全面应用风水联动控制技术。

2.磁悬浮冷水机组技术

磁悬浮冷水机组技术将机组轴悬浮，轴与轴承无接触、无摩擦，无须更换冷冻机油及油过滤器，具有噪声低、设备效率高的优点，节能效果较为明显。

案例七 深圳地铁、合肥地铁等磁悬浮冷水机组技术

2017年深圳地铁在1号线科学馆站试用磁悬浮冷水机组，经测试，磁悬浮冷水机组运行效率为5.30，相比螺杆式冷水机组的运行效率4.22提升25.6%。

合肥轨道交通在4号线应用了磁悬浮冷水机组，综合运用了航天气动技术、磁悬浮轴承控制技术、微流道冷媒散热变频器技术、高效永磁同步电机技术等多项技术。另外，北京地铁牡丹园站、济南地铁腊山南站、南宁地铁飞龙路站以及佛山地铁3号线、西安地铁1号线部分站点也采用了磁悬浮冷水机组技术。

深圳地铁9号线二期工程南山书城站作为高效空调系统试点，按照高效空调的相关要求进行了全面优化设计，通过新增节能控制系统、增加空调运行参数检测所需的各类传感器等方式，共同提高空调系统能效。

经过前后一年多的建设与调试优化，南山书城站高效空调系统建成，正式上线运行。在2020年7月，制冷机房COP连续多天稳定运行在5.2以上（见图1），对比原系统方案节能40%以上，每年节省约45万千瓦·时，同时车站的末端系统调节良好，公共区的温度、湿度维持在较舒适区间（见图2）。

根据南山书城站高效冷水机房情况，结合国内相关案例，深圳地铁应用智能环控系统，通过高效通风空调设备实现控制及高效节能管理目标如下。

冷水机组选型冷量≤1163kW的车站：冷水机房全年平均综合制冷能效系数（COP机房）≥5.0，空调系统全年平均能效系数（TCOP）≥3.0。冷水机组选型冷量>1163kW的车站：冷水机房全

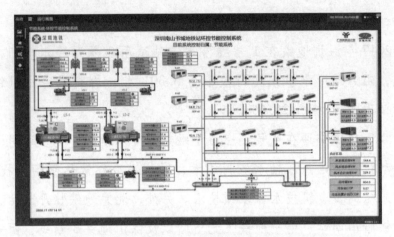

图1 深圳地铁南山书城站环控节能控制系统

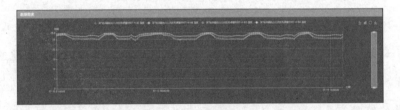

图2 深圳地铁南山书城站公共区温度曲线

年平均综合制冷能效系数（COP 机房）≥5.2，空调系统全年平均能效系数（TCOP）≥3.0。

在一个完整的空调季结束后，第三方检测机构进行全年平均能效系数（TCOP）的检验，出具标定文件或认可文件。

2023 年将进入智能环控系统优化调试、第三方检测评估、建设方验收考核阶段，能效成果将在 2023 年空调季结束后得到体现。

3. 列车空调系统变频技术

地铁列车空调系统应用变频技术，既能准确调节列车空调温度、提高服务质量，又能达到节能目的。

案例八 深圳地铁、苏州地铁列车空调系统变频技术

深圳地铁有 15 个车型共 394 列电客车采用变频空调，占比约 64%；其余 9 个早期项目的车型共 226 列电客车采用定频空调。后续新车采购已将变频空调列为标准配置，同时在开展 2 号线定频空调换型变频空调的可行性研究。

苏州地铁 1 号线、2 号线增购车采用变频空调机组，其他车辆采用定频空调机组。经测试，变频空调机组综合平均节电率为 21.91%。使用变频空调车辆温度曲线较使用定频空调的温度曲线更加平滑。

四 思考与建议

作为城市轨道交通工程的重要组成部分，高效通风空调系统建设对提升工程整体建设质量、促进能源消耗的降低有着重要的作用，但同时也需要付出相当的成本，包括技术成本、经济成本和时间成本等。普及高效通风空调系统，需要有一个发展过程，往往存在增量与存量的问题。

第一，在对现有空调系统的运行能效测试中，可以看到几乎所有的受测系统都以低于原设计目标或低于国家现行能效标准要求的状态运行。因此，除了建设更高能效的通风空调系统之外，纠正常规空调的这些现状偏差，或者不让这些偏差在新建系统中重现，可以实现更广泛意义的节能。

第二，在通风空调系统的能耗总量中，有很大一部分能耗是系

统管理人员操作不当造成的。为了避免能源浪费，必须对通风空调的日常系统运行维护与管理工作进行强化，提高管理水平和操作人员的基本素质。

第三，全国地域广阔，各地城市的气候条件、经济水平差别很大，对车站空调系统的应用需求也有区别，不适合采用单一的能效指标作统一的建设要求，而要因地制宜，区分出不同的层级，作为建设的选择。主要分为两个方向。

一是从高能效示范的精品工程普及到所有的寻常车站，应该在系统能效水平的基础上，充分考虑综合的建设成本与长期的运维费用的平衡，以全生命期成本与效益作为标准，建立不同级别的能效水平供建设方选择。无论新建工程还是改造工程，都可以根据自身条件选择最适合的能效等级，达到全行业平均能效水平提升的目的，而不是在高门槛前望而却步，或者是盲目地追求高能效。

二是在维持服务水平不变、成本和风险可控的前提下，打破通风空调系统本身的界限，连通更高层级的控制系统或数据平台，建立车站通风空调系统互联网，实现从车站到线路再到线网的连通，使系统的调节控制更直接地关联到系统的服务对象和边界条件，减少中间的信息传递与数据转换环节，可以提高运行响应速度，最终达到减少系统能耗和维护成本的目的。

第四，目前车站的高效空调系统建设主要集中在地下车站的常规空调水系统和大系统，下一阶段可以考虑将小系统纳入控制范围。

B.6

城市轨道交通照明绿色节能分析

方漫然　黄明才　张珺婷*

摘　要： 本文分析了城市轨道交通车站照明光源、控制方式、照度及照明能耗情况，总结了部分城市轨道交通企业采取的照明管理和技术节能措施，重点分析了 DALI 智能照明系统、KNX 智能照明系统、感应灯具无线智能照明系统、直流照明系统 4 种主流城市轨道交通智能照明方案，从优化照明回路、控制照明色温等方面对车站照明设计和改造提出了相关建议。

关键词： 城市轨道交通　交通照明　绿色节能

一　城市轨道交通照明及能耗情况

（一）城市轨道交通照明情况

1.照明光源

目前，新建车站公共区照明普遍选择 LED 光源，区间隧道、

---

* 方漫然，工程师，从事轨道交通运营节能和科技创新管理工作；黄明才，高级工程师，从事轨道交通运营节能和科技创新管理工作；张珺婷，经济师，从事轨道交通企业管理工作。

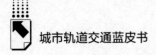

管理设备区和基地照明大多选用 LED 光源，少部分搭配有紧凑型节能灯或荧光灯。已运营线路原先使用的荧光灯，也逐步改造为 LED 光源灯。

LED 有节能、环保、寿命长、可调光等优势，可通过调整电流的大小或 LED 颗粒分组控制达到调整光照强度的目的，适合配合智能照明控制器实现分时、分组、分区域调光控制。

2.照明控制方式

目前车站照明控制方式主要分为两种，一是 BAS 系统自动控制，二是回路通断型智能照明系统自动控制，两种方式本质上都属于时序自控方式。

（1）BAS 系统自动控制

BAS 系统对车站内所有集成化系统设备进行实时监控和管理，保证通风和空调系统、供排水系统、照明系统、自动扶梯和防排烟系统、应急照明系统等的正常运行。

车站的照明灯具采用交叉配线，由车站 BAS 系统分回路通过硬线集中控制，再通过在 BAS 系统组态界面设置时间表，结合车站实际情况确定开关时间，通常按照运营时段划分为三种模式：①正常模式，在运营的高峰时段，站厅、站台公共区的所有照明全部开启；②节电模式，高峰过后，关掉其中部分照明以节约能源；③停运模式，车站正常停运后，将公共区的正常照明全部关掉，只保留应急照明，供内部人员通行和工作。

BAS 控制方式虽然在一定程度上达到节电的效果，但是在照明梯度上变化明显，工况单一，无法做到在亮度上线性实时控制。BAS 系统的控制原理是基于 PLC 及下层的逻辑控制器，从成本角度考虑，配置的照明控制回路一般在 20～30 个，按照普通标准车站配备 800 根照明灯来计，单个回路控制照明灯在 20～30 根，做到小区域控制的难度较大；BAS 系统组态界面时间表提供的控制时段通常只有 2～4 个，节能优化的空间较小。

（2）回路通断型智能照明系统自动控制

回路通断型智能照明系统作为 BAS 系统或综合监控系统的子系统，拓展了车站照明的控制功能，通过总线与 BAS 系统或综合监控系统进行通信（见图 1）。车站公共区照明设两级控制，即车控室控制和照明配电室控制，车控室控制在 BAS 系统或综合监控系统界面上进行，照明配电室控制采用智能照明控制系统。

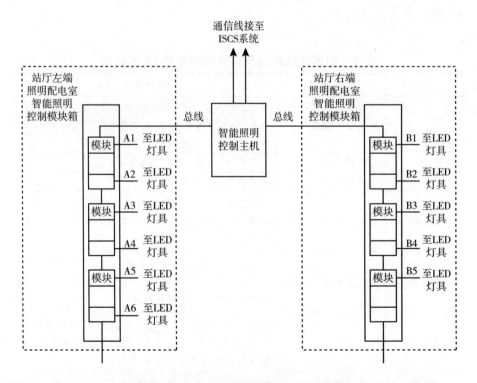

图 1　回路通断型智能照明系统示意

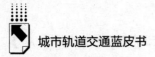

回路通断型智能照明系统相较于 BAS 系统有三方面的优势：一是控制回路可达到 100 个以上，实现小区域控制；二是可将车站照明控制时段提高到 10 个以上；三是结合控制时段和控制回路的细化，可组合出节能、运营、清扫、检修等多种照明模式，实现了有效节约能源和降低运行费用。

案例一　郑州地铁车站及站外照明精细化控制

郑州地铁对车站照明和站外照明在满足现场实际使用需求的前提下，尽可能对设备开启时长进行优化，根据郑州市日出、日落时间现场勘测，完成车站及站外照明开启/关闭时刻表调整工作，时间表如表 1 所示。

表 1　郑州地铁车站及站外照明开启/关闭时刻

时间	运行模式	照明情况
05:30	进入节电模式	站厅工作照明全关,节电照明全开;站台工作照明全关,节电照明全开;出入口通道工作照明全关,节电照明全开。其他照明全开
	站外照明开	站外照明(飞顶、门匾、地徽)全开
06:30	站外照明关	站外照明(飞顶、门匾、地徽)全关
07:00	进入正常模式	站厅工作照明全开,节电照明全开;站台工作照明全开,节电照明全开;出入口通道工作照明全开,节电照明全开。其他照明全开
09:00	进入节电模式	站厅工作照明全关,节电照明全开;站台工作照明全关,节电照明全开;出入口通道工作照明全关,节电照明全开。其他照明全开
17:00	进入正常模式	站厅工作照明全开,节电照明全开;站台工作照明全开,节电照明全开;出入口通道工作照明全开,节电照明全开。其他照明全开
18:30	站外照明开	站外照明(飞顶、门匾、地徽)全开

时间	运行模式	照明情况
19:00	进入节电模式	站厅工作照明全关,节电照明全开;站台工作照明全关,节电照明全开;出入口通道工作照明全关,节电照明全开。其他照明全开
23:30	站外照明关	站外照明(飞顶、门眉、地徽)全关
	进入停运模式	所有照明全关

资料来源:根据调研整理,表2~表4来源同此。

3. 车站照度

地下车站过强或过弱的照度及光源布置、选型的不恰当,都会引起乘客和工作人员的不适,影响人的情绪、健康及视觉效果。以前各地大多把车站公共区照度控制在150~200lx左右,少部分车站照度达到300~400lx。根据《城市轨道交通照明》(GB/T 16275—2008)的规定,深圳地铁对车站公共区的照明控制范围见表2。

表2 深圳地铁车站公共区照度标准

区域	照度标准值	深圳地铁照度控制范围
地下车站站厅	200lx	150~300lx
地下车站站台	150lx	100~200lx
出入口、楼梯扶梯、通道	150lx	100~200lx
地面(高架)车站站厅	150lx	100~200lx
地面(高架)车站站台	100lx	75~150lx

从各地车站照度及乘客体验来看,照度控制在150~200lx左右,即可满足乘客出行需求,但是由于存在损坏、光衰等情况,需要定期测量车站各区域照度以满足规范要求。

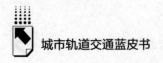

（二）城市轨道交通照明能耗分析

城市轨道交通照明随着控制系统功能优化及 LED 照明的应用，在整个车站动力照明能耗占比已在逐步降低。车站照明能耗影响因素包括布灯数量（取决于车站建筑面积）、照明光源、控制系统、开关时间等，但主要因素为布灯数量。

根据调研，大部分城市地下车站每年照明能耗在每站 20 万~30 万千瓦·时，地面及高架车站每年照明能耗在每站 7 万~14 万千瓦·时（见表3）。

表3　部分城市地铁线路照明能耗情况统计

线路	地下车站数量（站）	地下车站年照明耗电量（万千瓦·时）	地面及高架车站数量（站）	地面及高架车站年照明耗电量（万千瓦·时）	换乘车站数量（站）	换乘车站年照明耗电量（万千瓦·时）
石家庄1号线	24	626.9	0	—	2	103.2
济南1号线	3	57.8	7	96.9	1	22.6
郑州3号线	15	409.9	0	0	6	183.7
重庆1号线	9	228.4	9	62.8	6	152.3
南京2号线	14	275.0	9	65.3	3	63.0
苏州5号线	27	497.5	1	19.6	6	107.9
福州2号线	20	475.5	0	0	2	59.5
广州14号线	5	139.3	6	76.6	2	38.2

二 城市轨道交通照明节能措施

各地采取的照明节能措施主要分为技术措施和管理措施两个方面。

（一）技术措施

技术措施最普遍的做法是把荧光灯、金卤灯更换为 LED 光源灯；在通道、电梯前室、卫生间等位置加装红外（雷达）人体可调感应开关，从而杜绝"长明灯""无人灯"，达到节能的目的。也有部分城市在探索光导照明、直流照明、智能照明技术的应用。

（二）管理措施

管理措施最普遍的做法是照明控制策略的优化，主要是时间优化和照度优化两个方面。

案例二 京港地铁优化照明开闭时间

京港地铁优化车站公共区域及区间照明时间，不再采用整条线路统一开关站厅、站台等的工作照明、导向照明及广告照明的方式，而是将这些照明的开启时间设定为每座车站当站首班车前 15 分钟，关闭时间设定为当站末班车后 10 分钟，并在关闭上述照明时，保留应急照明。同时，根据不同季节自然光照度情况，合理利用地面车站、高架车站及地下车站出入口附近的自然采光，实现节能。

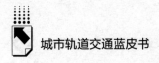
案例三 深圳地铁优化照度

深圳地铁对设置有智能照明系统线路的照明模式分为全亮模式（100%亮度）、高峰模式（70%亮度）、低峰模式（10%~50%亮度，根据车站实际情况确定）、清扫模式（10%亮度）、停运模式。正常情况下运营期间仅使用低峰模式，大型换乘站或节假日大客流车站可在客流高峰期间开启高峰模式，夜间清扫期间可分区开启清扫模式，清扫完毕后开启停运模式。

三 城市轨道交通智能照明控制技术探索及应用

随着计算机技术、物联网通信技术、芯片技术的发展，智能照明控制技术得到长足发展，石家庄、南宁、济南、南京、苏州等城市在轨道交通照明控制领域也有部分探索和应用。虽然具体方案不同，但是都属于智能照明控制方式，主要是根据环境变化、客流及车站管理要求，自动采集照明系统范围内的照度、乘客等信息，对所采集的信息进行相应的逻辑分析、推理、判断，并按分析结果调节照度，通过自动调光的方式以达到节能目的，智能照明控制技术主要有以下4种。

（一）DALI智能照明系统

DALI协议（Digital Addressable Lighting Interface，数字可寻址照明接口）是用于照明系统控制的开放式异步串行数字通信协议。DALI系统主要由传感器、调光面板、外置调光驱动器或DALI灯具（内置调光驱动器）、调光控制网关、线路耦合器、DALI智能主机、软件系统等组成。DALI调光系统具有可寻址性，每个灯具同步敷设弱电线，通过对调光驱动器编码实现对每个灯具可寻址功能。DALI系统软件可对同一强电回路或不同回路上的单个或多个灯具进行独立寻址，从而实现单独控制，任意分组控制，灯具亮度、色温等线性控制。DALI具有单灯控制、数字调光、双向通信、抗干扰能力强的优点，但同时存在需要增加信号线、调试较复杂、电源价格高等不足。

地铁车站采用DALI调光控制，DALI回路采用DALI编组回路和区域功能结合的方式，按区域分类，如车站各出入口、站厅付费区、站厅免费区、安检通道等，再按区域划分DALI编组回路，每个区域可包含多个DALI编组回路。DALI总控以区域、功能划分，设定车站调光总控、站厅免费区调光总控、站厅付费区调光总控、安检通道调光总控、出入口调光总控、站台屏蔽（安全）门灯带调光总控、站台普通照明调光总控等，也可以单独直接调整某个区域具体DALI编组回路的设定值。通过传感器感知车站内的乘客及照度情况，动态调整感知区域内的DALI编组回路灯具的亮度。DALI调光控制在石家庄1号线、南宁2号线等线路进行了应用。

（二）KNX智能照明系统

KNX（Konnex）标准以EIB标准为基础，针对智能家居和网络控制制定了同EIB兼容的标准，提供家庭、楼宇自动化的解决方案。KNX系统的最大特点是其开放性与互操作性，不同厂家的产品兼容性较强。KNX智能照明系统设备主要由智能照明主机控制柜和多个智能照明配电箱以及被控设备（灯具）组成。智能照明主机控制柜内安放了智能照明系统的核心组成部分，包括主控制器、工控机及显示器、远程数据集中器等接口配件。智能照明配电箱则内置了分控制器和控制模块，分控制器和控制模块通过现场总线连接成网络，通过接口元件及软件，可在控制室的智能照明主机控制柜内的工控机上进行实时监控及操作。还可根据用户需求拓展，将照度传感器、人体感应器、现场控制器和照度控制器等组件连接至分控制器上，实现状态控制功能。KNX 智能照明系统按控制功能分为时钟控制、照度控制、场景控制、人体感应控制、应急照明控制等，在佛山 2 号线、济南 3 号线、广州 13 号线等线路进行了应用。

（三）感应灯具无线智能照明系统

感应灯具无线智能照明系统方案所采用的智能灯集成了人体感应技术和智能调光技术，通过智慧芯片集成的人体红外感应、微波探测器，实时感知地铁站内乘客、工作人员的行进方向，并基于人体生理学，采用动态柔性调光技术，根据传感器采集的数据自动调节灯光的亮度，灯具照度可在 0~100% 范围内进行精准调节，大幅提升了乘客和工作人员的视觉舒适性。

车站智能照明系统是以智能 LED 灯为载体，依托多模无线通信、多传感器融合及智能控制算法技术，实现照明空间的无线传感网络的连接组网，搭建信息数据传输管道。通过物联网核心技术解决照明节能问题的同时，满足精细化单灯控制，同时可对灯具实行分组管理，每一个灯组都可以由任意数量的灯具组成，实现分区分时的精细化照明控制；对不同的灯组进行联动管理，例如，将出入口楼梯处的灯组和出入口门厅的灯组联动控制，在实行人体感应自动控制的节能模式下，不影响乘客的照明体验。

案例四　郑州地铁应用感应灯具无线智能照明系统

郑州地铁西大街站在车站不同区域按照具体需求，设置了5种不同的照明模式，如表4所示，在满足照度要求的同时，实现节能目的。

表4　郑州地铁西大街站5种照明模式

序号	照明区域	照明模式
1	车站通道区	乘客最先遇到的第一盏灯亮起,根据乘客的前进方向,该方向上10米范围内的灯达到50%亮度,10~20米范围的灯处于30%亮度,2分钟后无人活动灯具保持最低亮度5%
2	闸机安检区	闸机处灯具在早晚高峰期时,检测到有乘客灯具保持50%亮度,4分钟未检测到乘客灯具自动保持到最低亮度5%。在平峰期时,检测到有乘客时保持50%亮度,2分钟未检测到乘客,灯具自动保持最低亮度5%
3	车站站台区	以检测到有人的灯为中心,周围5米范围的灯全部保持50%亮度,5分钟后未感应到有人活动灯具自动保持最低亮度5%,其他未检测到有人区域的灯保持最低亮度
4	楼梯与自动扶梯区	楼梯上方灯与灯之间联动,在有人将到达时,灯自动点到50%亮度,3分钟未检测到有人活动保持最低亮度5%。自动扶梯上方常亮50%
5	设备间	设备房有人进入时灯具自动点亮至50%,4分钟无人活动时,灯具自动熄灭;走廊区域有人时灯具自动点亮至50%亮度,20秒后无人时保持最低亮度5%

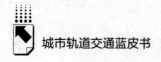

（四）直流照明系统

直流照明系统主要由直流配电柜、DC-DC电源、传感器、照明主机、系统软件等部分组成，可实现照明的直流配电，DC220V输出为LED光源灯供电。直流配电系统采用直流悬浮供电技术，相对于交流供电，提高了用电的安全性。而且采用直流集中供电，灯具端省去传统的AC-DC电源，仅需要使用DC-DC电源，更加稳定可靠，适合用于基地库区、高架车站及出入口、扶梯等照明灯具损坏后不易维修的场所。

灯具端的DC-DC电源集成的通信模块，与照明主机之间采用曼彻斯特编码通信，利用直流供电线路传输指令，节省了通信线路的敷设。照明主机可以远程控制直流配电柜，实现对直流配电柜的实时监测与控制，配合传感器联动，可实现智能调光，按需调节照度，同时也实现节能目的。另外，可以连接BAS系统，将照明控制纳入全站的管理系统。直流照明系统已在苏州5号线、合肥5号线等线路和车站进行了应用。

案例五　苏州轨道交通应用直流智能照明系统

苏州5号线车站采用直流智能照明系统，系统主要由智能照明控制单元、LED灯具、智能监控系统等构成，整个系统通过接入照度传感器、红外传感器等智能设备实现联动，达到对各类灯具进行更加精准和智能的控制，可实现30%~100%范围内的照度调节。同时，直流照明控制单元的状态信息均反馈至综合监控系统，实现了定时控制、场景模式、远程控制等灵活控制方式。

四 思考与建议

（一）挖掘照明节能潜力，做好细节优化

既有线路的地铁照明措施建议以 LED 光源灯改造为主，可以选择高光效 LED，并通过光源布局的优化，控制好照度值，力求改造投资回收期最优。对 BAS 系统的改造，增加控制回路的难度较大，但在控制界面可适当增加照明时间表数量和时间表控制时段，在客流低谷期，优化部分照明。对于新建线路智能照明系统，建议在开通一段时间后，根据车站客流情况，优化回路设定，把公共区走廊通道、售票机等人流密集区域照明设定到同一回路，车站角落、空旷区等人流稀疏区域照明设定到同一回路，从而发挥智能照明系统调光节能的功能。

（二）控制照明色温，提高乘车舒适度

舒适的光环境一定程度上可以增加乘客的舒适感和愉悦感。就整个车站的光环境而言，仅考虑照度还不够，《城市轨道交通照明》（GB/T 16275-2008）除了照度以外，对照度均匀度、显色指数、眩光、色温都进行了规定，这些方面通过布灯设计和光源质量把控可以得到保证。而随着 LED 光源的大量应用，色温的重要性更加凸显。《城市轨道交通照明》建议站厅、站台的色温为 3300~5300K，实际上同样色温的荧光灯和 LED 灯，LED 灯会感觉更冷一些。城市轨道交通车站照明以满足乘客的出行需求

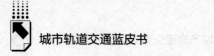
为第一要务，建议在进行车站照明设计或改造时，要从整体出发，综合考虑照度和色温，通过使用节能、环保的 LED 光源和自动调光控制的智能照明系统，在创造舒适的车站光环境的同时，达到高效节能的目的。

B.7
城市轨道交通车辆基地绿色节能

彭 行 殷 俊 朱 波*

摘 要: 车辆基地作为城市轨道交通的运营生产场所,对城市能源消耗
和环境保护产生重要影响。电力能耗是车辆基地的主要能耗,
主要用于列车牵引、空调通风、照明和设备运行等方面。本文
基于车辆基地电力能耗构成,阐述了现阶段城市轨道交通车辆
基地在自然资源利用、智能化能源管理技术利用、节能照明及
智能光控系统等方面的节电技术措施和应用,从创新车辆基地
节能建设、资源共享、加强节电技术研究和政策支持等方面对
未来发展进行了展望。

关键词: 城市轨道交通 车辆基地 绿色节能 电力能耗

一 车辆基地电力能耗构成分析

城市轨道交通车辆基地是车辆停放、检修和后勤保障基地,

---

* 彭行,重庆市轨道交通(集团)运营物资公司副总经理、高级工程师,主要负责
运营物资仓储安全、采购质检质量等管理工作,参与了多项国家和地方标准编
制,组织建立了完善轨道交通运营安全质量管理制度;殷俊,中级经济师,现任
重庆市轨道交通(集团)运营物资公司安全质量管理部质量主管,主要负责质量
管理体系和环境管理;朱波,高级工程师,现任重庆市轨道交通(集团)运营四
公司安全质量技术部副经理,集团运营二级技术专家,主要从事轨道交通运营安
全、技术、标准化等管理工作。

通常包括车辆段、综合维修中心、物资总库、培训中心等部分，是城市轨道交通系统的运营、维护和管理中心，承担着列车调度、停放、检修、加油加气等功能，同时也提供办公、宿舍、食堂等各种配套设施，因此其能耗种类较多，其中电力能耗是城市轨道交通车辆基地最主要的能耗，用于车辆的牵引、设施设备运行、环境控制以及生活用电等方面。电力能耗可以根据用途和来源的不同进行分类，主要涵盖列车供电能耗、生产和生活设施设备电力能耗、其他辅助设备电力能耗。通过能耗分布、季节性变化、峰谷差异、节能潜力分析、数据监测与分析、模拟与预测等分析方法对城市轨道交通车辆基地电力能耗进行分析，能够深入了解车辆基地电力能耗的特点和变化趋势，为制定有效的节能措施提供科学依据。

二 车辆基地节电措施分析探索及应用

在追求可持续性和能源效率的背景下，车辆基地的节电措施成为提高运营效率、降低成本以及减少环境影响的关键策略。车辆基地的节电措施旨在从管理和技术两个方面入手，实现能源的高效利用和减少浪费。管理措施通过建立制度、培训员工和优化运营，营造出节能的组织氛围；技术措施依靠先进设备和智能系统，提升能源使用的效率和可持续性。在实际应用中，综合考虑管理和技术措施，可以最大限度地实现车辆基地的节电潜力。

（一）轨道交通车辆基地节电管理措施及应用

1.建立健全能源管理制度

建立健全的能源管理制度可以确保节能目标得到有效达成。制定能源消耗的标准和指标，设定节能目标，并将其纳入日常运营管理中。同时，设立能源管理团队，负责能源计划的制订、执行和监测。例如，西安地铁施行电客车回库关闭照明、空调等负载方式，空调季期间可节约电量超过70万千瓦·时，节约电费约50万元，非空调季期间可节约电量超过4万千瓦·时，节约电费约3万元。重庆地铁双福车辆基地通过非必要不开射流风机减少射流风机的方式降低能耗。

2.建立激励和奖励机制

鼓励员工在节电管理中提出创新和有效的节电措施，设立奖励，提升员工参与节能管理的积极性和创造性。

3.加强培训教育及宣传

员工节能意识和能源管理是实现车辆基地节能的关键。通过组织培训课程、举办讲座等形式，向员工介绍节能的重要性与车辆基地中实施节能措施的必要性，让员工了解到实施节能管理不仅能节约运营成本，还能保护生态环境。同时通过开展节能技术竞赛等活动，激励员工参与节能工作，并对表现突出的员工予以奖励和表彰，进一步激发员工的积极性、营造良好的节能氛围。建立有效的监督和管理机制，制定明确的节能目标和责任制，对员工进行绩效管理，及时发现和纠正问题。定期组织节能评估，跟踪和监测车辆基地的能源消耗情况，并根据评估结果进行调整和改进。

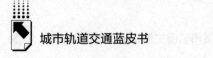

4. 进行数据监测与分析

实时监测能源消耗情况，通过数据分析，识别能源浪费问题，为节电改造提供决策依据。同时通过数据分析，减少不必要的能源消耗。

5. 提供政策支持

城市相关管理部门可以出台相关环保和节能政策，提供节能改造的财政资金补贴，鼓励和支持车辆基地的节能改造项目。

（二）轨道交通车辆基地节电技术措施及应用

1. 自然资源利用

（1）自然通风

自然通风是一种利用自然气流进行通风换气的技术，能有效降低室内温度、减少空调的使用，从而节约能源。在车辆基地中，可以应用自然通风系统设计、自动控制机制、风道设计等方式来实现。

如重庆轨道交通大竹林车辆基地综合楼，其充分利用建筑所处地理位置重要条件进行自然通风设计。在冬季时，可通过北侧广场种植的树木景观，形成挡风墙；在夏季及过渡季节时，南侧照母山形成天然屏障，建筑群通过连廊连接，留有 7 米以上的间距，有利于围合庭院区域自然风的捕捉，形成良好的穿堂风效果，促进建筑群之间的空气流动，达到改善综合楼建筑空气环境的目的。通过模拟分析，建筑周围人行区域 1.5m 处风速小于等于 5m/s，风速放大系数小于 2，有利于夏季、过渡季节的自然通风。

综合楼外层则采用均质工艺处理的白色玻璃（自爆率为普通

玻璃的 1/5，可大大降低外墙后期维护成本）；内层采用超白双银 Low-E 玻璃（透热性能仅为普通玻璃的 1/10，有效提高保温隔热性能）；内外层之间形成 600mm 的空气间层，可利用烟囱原理，促进室内自然通风。

（2）自然采光

自然采光是通过合理的建筑设计和设备设置，将自然光引入室内，减少人工照明的使用。在车辆基地中，可以通过天窗设计、透明材料应用、光线引导系统等方式实现。以重庆轨道交通大竹林车辆基地综合楼为例，其为板式建筑，通过合理布局、减小房间进深、优化幕墙设计等，增加自然采光，使综合楼 87% 的房间达到自然采光要求。同时采用双层玻璃幕墙设计，内外层之间设置电动遮阳百叶，可控制叶片开启方向，调节遮阳角度和透光量。在负一层车库共安装 28 套光导照明装置，向地下室引入自然光。光导照明装置能覆盖负一层车库约 1780 ㎡（占负一层车库总面积的11.4%）；每套光导照明装置在阳光天气能满足约 120 ㎡ 的地下车库照度要求，相当于 1200 瓦白炽灯泡的照度，在阴天天气能满足约 50 ㎡ 的车库照度要求，相当于 600 瓦白炽灯泡的照度。

（3）地道风系统

地道风系统是利用地下风能进行通风的技术，能够为基地提供新鲜空气，减少室内气味和湿度。在车辆基地中，通过地道布局设计、风力发电技术等方式来实现。以重庆轨道交通大竹林车辆基地综合楼为例，其采用地道风系统设计，设置有两条地道（每条地道宽 2m，高 2m），每条地道设计风量为 3 万 m^3/h，位于地下车库下方，用于新风的预冷、预热，过渡季节辅助自然通风。

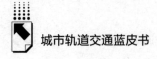

（4）太阳能技术

太阳能技术是目前可持续发展的热点之一。将太阳能应用于轨道交通车辆基地可以有效降低对传统电力供应的依赖以及能源消耗。在车辆基地的屋顶上安装太阳能电池板，可将太阳能转化为电能，并通过逆变器将直流电转换为交流电。这种方式不仅可以为车辆基地提供所需的电力，还可将多余的电能纳入电网并供应给其他部门，实现能源的共享和节约。例如，上海申通地铁集团早在2008年便启动开展太阳能利用相关技术研究，目前川杨河、龙阳路、封浜等16座车辆基地光伏发电系统已实现并网，总装机容量达43兆瓦，建成行业规模最大的分布式光伏发电系统。2022年全年发电量超4000万千瓦·时，占比超过上海申通地铁全年用电量的1.5%，年减排二氧化碳超3.6万吨。预计到"十四五"期末，分布式光伏总装机容量将达58兆瓦，年均发电量达到5800万千瓦·时。再例如石家庄轨道交通集团西兆通车辆段采用光伏发电技术，运用"自发自用、余电上网"模式，将光伏发电经升压后接入轨道交通供电系统中。利用基地内运用库和联合检修库，约占12000m²，总装机容量为1.00419兆瓦，共安装光伏组件3938块，全部采用多晶硅组件，电池组件全部安装于运用库及联合检修库的屋面。据统计，设备年均发电量约100万千瓦·时，按照设备全寿命周期（25年）计算，总发电量约为2500万千瓦·时。

（5）地源热泵系统

地源热泵系统是以岩土体、地下水或地表水为低温热源，由水源热泵机组、地热能交换系统、建筑物内系统组成的供热空调系统。根据地热能交换系统形式的不同，地源热泵系统分为地埋管地源热泵系统、地下水地源热泵系统和地表水地源热泵系统。它以大地作为热源（在冬季）或散热器（在夏天）。例如，重庆轨道大竹林车辆基地空调冷热源系统由地源热泵、常规风冷热泵、水冷螺杆机组组成，设计过程中考虑以冬季负荷作为地源热泵设计负荷依据，夏季多余负荷以高效冷水机组补充，以此平衡地源热泵的冬夏冷热负荷。其中，设置有两台地源热泵机组，一台提供空调冷热负荷，另一台提供生活热水，地源热泵系统承担了项目69.3%的生活热水量以及24.5%的空调采暖负荷。

通过上述内容可见，轨道交通车辆基地可以充分利用自然资源，为车辆基地供电，从而有效减少对传统能源的依赖，并降低运营成本。安装太阳能光伏发电设备和风力发电装置，不仅可以为轨道交通车辆基地提供所需电力，还可将余电销售给周边社区，实现资源共享和节能减排。但在实际应用中，还需要考虑到自然资源利用技术的经济性。虽然这些技术可以帮助降低电能消耗，但其安装和运行也需要一定的成本。因此，需要进行详细的经济性分析，确保自然资源利用技术能够带来实际的经济效益，从而推动其在轨道交通车辆基地的广泛应用。

此外，自然资源利用技术应用并不独立，需要与车辆基地的其他系统进行有效的配合。例如，太阳能光伏系统与电力系统进行有效配合，确保电力稳定供应；风力发电系统与建筑设计进行有效配合，确保风力发电效率；地热能系统与供暖供冷系统进行有效配合，确保供暖供冷效率。因此，自然资源利用技术在轨道交通车辆基地的应用是一个复杂的系统工程，实际运用还面临挑战，如技术成熟度、经济性、可靠性等，需要不断研究和探索。在未来，随着

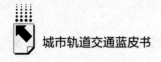

科技进步和环保理念深入人心，自然资源利用技术在轨道交通车辆基地的应用将会更加广泛和深入。

2. 智能化能源管理技术利用

城市轨道交通车辆基地的能源管理对于提高能源利用效率至关重要。通过建立智能化的能源监测系统、优化电力使用计划和推广能源节约措施等方式，可以有效降低能源消耗。采用智能电网技术和节能设备可以实时监测能源使用情况，并根据需求进行调整，以实现优化能源利用。电力系统中采用的能量管理软件系统（EMS系统），在数据采集和监视控制系统 SCADA 的基础上加入经济调度软件 EDC、高级应用软件 PAS 以及负荷管理软件 LM 等模块。电力在消耗的同时，系统将采集耗电信息，并对数据进行调试分析，以便作出相应的决策，可更好地控制电力的消耗。控制的主要目的就是提高对电力系统的自动控制能力。在此基础上要提高供电的质量，同时也要改善在运行中的节能性能。在城市轨道交通供电系统中可以根据数据与信息的观察和分析，通过数据对高耗电的设备进行重点分析与追踪。

3. 节能照明及智能光控系统

轨道交通车辆基地照明主要分为室内照明和室外路灯照明。传统的照明系统在不需要时仍会持续消耗电力，造成能源浪费。智能光控系统通过感应装置和控制器，根据环境光亮度自动调节照明强度和开启/关闭时间，实现对照明系统能耗的有效管理。当周围光线较亮时，智能光控系统会自动降低室内照明强度和关闭室外路灯，从而节省能源。例如，重庆轨道交通大竹林车辆基地综合楼全部采用 LED 照明灯具，共采用 LED 灯 9315 套，其中，筒灯 3465

套，支架灯 5850 套。办公室采用 2×18W 的 LED 支架灯，光效可达 140 流明/瓦，整灯能效可达 85% 左右。同时设置智能照明控制系统，房间室内沿窗侧灯具设置单独回路，采用亮度感应开关控制，根据感应到的自然光照度，可实现自动控制照明灯具关闭；走廊采用 1×15W 的 LED 筒灯，光效可达 90 流明/瓦，整灯能效可达 88% 左右，采用红外线动静感应开关，可实现自动控制人来开灯、人走关灯。常州地铁 1 号线百丈车辆段、南夏墅停车场因设计较早，运用库等区域使用的高顶灯为金卤灯，此类型灯具为老款灯具，能耗高且使用寿命短（金卤灯能耗为 250W，使用寿命仅为 5000~10000 小时，约 1~2 年；普通 LED 灯为 100W，寿命约 10 年）。因此对百丈车辆段及南夏墅停车场的 953 盏金卤灯开展改造，逐步替换成 LED 高顶灯。待场段运用库高能耗的金卤灯全部替换为 LED 灯后，预计每年可节电约 39 万元，每年节省材料及人工成本约 18.4 万元。改造后，合计每年可节约成本 57.4 万元。

4.再生制动能量吸收系统

城市轨道交通供电方式一般为直流供电，用电消耗较大且控制存在一定困难。牵引直流采用了双组运行模式以及双边供电的方式，在接触方面损耗较小。整个系统会根据使用功率与消耗选择最合适的运行方式，通常由两台整流机联合并进行系统运行。当负载率满足条件时，其中一台牵引整流机暂停运行时，便会启动单机右边供电。不仅可以减少牵引网的附加损耗，还可以对轨道交通起到节能作用，同时也可以合理制定牵引变压器的容量与负荷。如果负载率在 95% 左右时，便可进行高效运行，不仅能提高功率，还会降低电力消耗，从而达到节能效果。关于列车的再生制动能量吸收

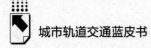

装置被合理利用与发展，是目前城市轨道交通节能中最关键的一个方面，例如，佛山地铁电客车启动斩波电阻吸收的电压阈值1850V，为了匹配车辆专业定值、更多回收电客车电气制动能量，能馈装置目前日均每站节能电量约为1350千瓦·时。2号线共计6套每年共计节省电量295万千瓦·时。洛阳地铁采用再生逆变制动能量吸收技术，列车制动所产生的再生制动能量，被逆变升压回馈至变电所35kV（环网）系统。2022年逆变回馈节能约4.8万千瓦·时。如果把列车的再生制动充分使用起来，可以做到在很大程度上节省电力消耗。

5. 变频技术利用

在车辆基地低压配电系统中，电扶梯和风机系统是能源消耗较大的系统和设备，且运行时间长。在电扶梯系统中使用变频技术，实行分时管理、自动变速，高峰时段采用高频率运转，非高峰时段人流量降低时采用低频率运转，在无人乘梯时供电频率降到最低，可以极大降低能源的消耗。在通风空调系统中使用变频技术，取代传统的风机风量和给水量的控制功能，通过变频调速器调节流量，可以极大降低电能的消耗。根据统计分析，在通风空调系统中使用变频技术，可以节约20%~50%的电能。

三　思考与建议

（一）轨道交通车辆基地节能现状

目前，城市轨道交通车辆基地在节能方面还存在不足，如缺乏综合性的节电技术方案、新型能源应用力度不足、设备系统研发力度不足及制度标准体系不完善等。

1.缺乏综合性的节电技术方案

各城市地铁公司提出了针对不同子系统的节电技术方案，积累了丰富的理论研究成果，在运用节电方面采取了不同的技术措施和管理措施，例如，西安地铁施行电客车回库关闭照明、空调等负载并将办公区域卫生洁具出水量的开度由 2/3 降至 1/2；重庆轨道实施管理用房和设备机房人走灯灭、办公电脑非工作时间段进行关机等管理节能措施；上海地铁实施 5 万多支 LED 绿色照明灯改造。但由于能耗计量手段落后，能耗数据缺乏系统性、完整性和有效性，因此，难以对各节能方案的节能效果进行有效验证，缺乏对这些节能技术的总结及对比。

2.新型能源应用力度不足

目前国内城市轨道交通企业对于光伏发电系统的应用给予高度重视，不少城市正在积极投入研究，探索利用郊外大面积车辆段、停车场以及延线高架车站等场所设置大容量光伏发电并网系统，但对于其他可再生能源的利用较少，如地道风、地源热泵、智能监控系统应用较少。

3.设备系统研发力度不足

车辆基地建设初期阶段，应当根据原有的系统设备进行创新性设计，并充分结合各类先进的技能技术，进而有效控制并降低能源损耗。比如，控制系统在配置智能环境当中，利用传感器能够有效监测周围环境的气候温度与空气湿度以及照明度等，通过智能化监测的结果来调节通风空调的负荷以及运行状态，还可以采用配置表冷器，利用变频风量对空调系统进行启闭。再例如供电系统的能力回收装置可以通过回收列车刹车的机械能耗用于其他列车的牵引供电，从而大大降低列车的牵引能耗。但是由于国内产品不成熟，目前多采用进口设备，投资很高，影响了技术的推广。

4. 制度标准体系不完善

现阶段城市轨道交通节能方面还没有一套完整的规范标准，只能按照建筑工程节能标准执行，但建筑设备节能标准在轨道交通车辆基地建设当中不完全适用，造成轨道交通车辆基地节能效果未达到最大化。应当根据城市轨道交通车辆基地的实际情况制定一套与之相适应的能耗标准，进而才能为轨道交通节能提供有效的参考依据。

综上所述，随着现代社会的快速发展，人们越来越重视绿色环保理念。节能技术包含的范围较为广泛，因此，应当利用有限的能源，充分发挥较大的经济效益。城市轨道车辆基地作为城市轨道交通建设的重要组成部分，在建设当中，应当根据运营标准以及建设项目当地能源供应的实际情况制定出相应的节能技术方案，进而实现城市轨道交通车辆基地建设能耗降低的目标。

（二）轨道交通车辆基地节能建议

随着我国城市轨道交通网络快速发展，特别是大中城市地铁线路不断延伸，运营线路和车辆数量日益增加，轨道交通车辆基地作为运营管理的后勤保障，消耗了大量能源并产生大量碳排放。因此，在建设和运营管理中采取节能措施具有重要意义。通过对城市轨道交通车辆基地的能耗构成、节能改造管理措施、节能技术分析探索及应用的研究，可以得出以下结论。

首先，城市轨道交通车辆基地的能耗主要集中在动力系统、供电系统、供热系统和照明系统等方面，因此，需要采取相应的节能技术和措施来实现对能耗的降低。其次，城市轨道交通车辆基地的节能改造管理措施是实现节能目标的关键，需要加强对设备的管理和监测，采取智能化管理和控制技术，实现设备的高效运行和能耗分析。最后，城市轨道交通车辆基地的节能技术分析探索及应用是实现节能目标的基础，需要加强对节能技术的研究和开发，推广应用先进的节能技术和设备，实现对能源的高效利用和环境保护。

1. 创新城市轨道交通基地节能建设

在规划设计时注重前期研究的重要性，从科学选址、合理布局、明确绿色建筑要求等方面提升车辆基地的绿色建筑层次。采用适合的车辆基地等建筑节能标准，开展超低能耗建筑规模化建设，推动零碳建筑、零碳车辆基地建设试点。在基地选址时，车辆基地应具备良好的接轨条件，以方便行车组织，提高效率，减少列车的空车距离，同时应便于城市电力、信号等各种管道的引入，减少各种货物及设施运输能耗。另外，各地区相关部门应结合当地实际情况和地理环境，制定一套完整的城市轨道交通标准体系，为轨道交通车辆基地工程建设提供标准的参考依据。车辆基地建设规划时，应制定一套综合性的规范标准，并完善节能技术的规范要求，将建筑工程和轨道交通建设之间的差异区分开来，满足轨道交通车辆基地能耗标准要求。

2. 实现资源共享

城市轨道交通车辆基地可以通过实现资源共享来节约能源和减少浪费。例如，可以建立公共维修中心，共享车辆维修设备、零部件和技术人员，降低车辆维修成本，减少能源消耗。也可以建立垃圾分类处理中心，实现垃圾资源化利用，为车辆基地提供部分能源和环保的支持。同时设置网络性的架大修基地，承担多条线路的车辆架大修任务，有效降低用电规模及日常能耗，同时降低设备投资。

3. 加强节电技术的研究和应用

随着技术的发展，越来越多的新能源和节能技术被提出和应用。城市轨道交通车辆基地可以加强这些技术的研究和应用，例如，智能化控制系统，太阳能、风能、地热能利用技术等。在车辆基地中可以通过太阳能发电系统，将能源转换为电能，为车辆基地的用电提供支持。同时，在满足条件的地区可以采用地热能和风能来为车辆基地提供热能或冷却能源。

4. 政策支持

一是通过设立节能奖励机制来激励轨道交通车辆基地实施节能措施。例如，对于在车辆基地中使用先进能源管理系统的企业，给予一定比例的节能补贴或贷款优惠政策，以鼓励企业积极采取节能措施，并提高能源利用效率。

二是为轨道交通车辆基地建立完善的技术指导和咨询服务体系。通过组织专家进行技术培训和实地指导，帮助企业了解最新的节能技术和管理方法，提高其节能水平。同时还可以与科研机构合作，开展相关研究和技术攻关，推动新能源、智能化等领域的科技创新。

三是鼓励轨道交通车辆基地与清洁能源企业合作，推广新能源技术在车辆基地的应用。例如，通过与太阳能、风能等可再生能源企业合作，建设太阳能发电站或风力发电站，为车辆基地提供清洁能源，减少对传统能源的依赖。

B.8
城市轨道交通能源管理系统

方漫然　黄明才　张珺婷*

摘　要：　城市轨道交通能源管理系统提高了城市轨道交通运营能源管理工作的自动化水平。能耗数据模型是城市轨道交通能源管理系统软件设计的基础，采用统一的能耗数据模型，可在能耗分项与分项之间、车站之间、线路之间进行能耗数据的统计分析。本文根据南京地铁能源管理系统建设经验，提出了能耗数据分类分项模型和分户模型，并对分项模型进行了细化分析，从线路和线网两个层面介绍了能源管理系统的架构和功能。

关键词：　城市轨道交通　能耗分类分项模型　能耗分户模型能源管理系统

随着城市轨道交通行业的蓬勃发展，运营能耗持续增长，在"碳达峰、碳中和"背景下，城市轨道交通运营企业必须高度重视

---

* 方漫然，工程师，从事轨道交通运营节能和科技创新管理工作；黄明才，高级工程师，从事轨道交通运营节能和科技创新管理工作；张珺婷，经济师，从事轨道交通企业管理工作。

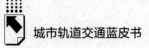

用能管理问题。为了实现能源的精细化管理，城市轨道交通能源管理系统逐步成为城市轨道交通建设的标配，城市轨道交通能源管理系统的功能也逐步完善。

一 城市轨道交通能源管理系统表计配置

（一）城市轨道交通能源管理系统表计分级

目前，城市轨道交通能源管理系统表计配置基本上可分为四级，一级为线路总用电表计，主要计量主变电所总进线。二级为牵引用电、动力照明用电表计。牵引表计主要计量各个车站、基地牵引变电所两路进线；动力照明表计主要计量车站及基地动力变 401 和 402 出线。三级表计主要是各站变电所 400V 开关柜出线计量表计，主要计量对象有通风空调、照明、电梯、扶梯、潜水泵、排污泵、AFC 系统、所用电、商业用电、通信信号、FAS、BAS、备用等。四级表计目前主要是环控电控室开关柜各出线计量表计，计量对象主要有空调机组、各类风机、冷水机组、冷冻泵、冷却泵、冷却塔风机等。

（二）城市轨道交通能耗数据分类分项模型

根据城市轨道交通用能特点以及表计配置情况，结合运营能源管理人员能耗数据统计、分析、节能潜力挖掘等方面工作的需要，形成了城市轨道交通能耗数据分类分项模型，具体如图 1 所示。

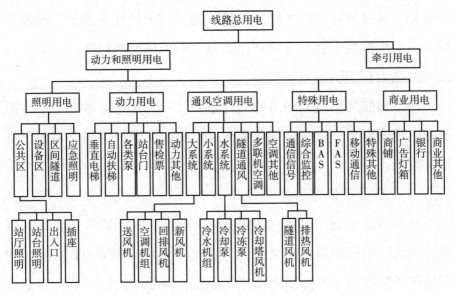

图1 城市轨道交通能耗数据分类分项模型

1. 线路总用电

线路总用电为单个城市轨道交通线路列车运行、车站、基地和控制中心等区域用电量的总和。目前大部分城市轨道交通线路采用110kV高压供电，一般一条城市轨道交通线路有两个主所，每个主所有两路110kV进线，合计4块表计，其有功电量总和即为线路总用电。部分城市采用35kV或10kV中压供电，线路总用电即线路所有中压进线表计有功电量的和。

2. 牵引用电

牵引用电即列车运行用电，为所有牵引计量表计有功电量的和，车载能耗计量尚未普及。上海地铁自2019年后新购车辆都配属了车载能耗计量装置，该装置通过测量列车母线上的电压、电流测量计算车辆列车的电能，可获得列车总能耗、牵引输入能量、牵

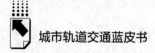

引能耗、辅助能耗、再生反馈能量、制动电阻能耗等数据。该设备按1辆动车配置1套，可分别计量每个牵引单元的能耗。

3. 动力和照明用电

动力和照明用电为动力照明计量表计有功用电量的和。动力照明用电较为复杂，进一步细分为五项：照明、通风空调、动力、特殊、商业。

（1）照明和商业分项

城市轨道交通车站照明用电包括车站公共区照明、设备区照明、区间隧道照明以及应急照明。各个照明回路在400V出线后到车站照明配电室，再分回路到照明设备，在照明配电室基本无细分计量，所有照明分项基本上以400V计量表计进行划分。商业用电在设计阶段主要为已经明确的银行、商铺、广告照明和广告灯箱设计的回路。

（2）通风空调分项

通风空调用电占车站动力照明用电的50%~60%，是车站节能工作的重点方向，通过对通风空调能耗数据的细化分析、研究是挖掘其节能潜力的主要手段。地铁车站通风空调系统主要由车站通风空调系统和隧道通风空调系统两部分组成，车站通风空调又分为空调大系统、空调小系统、空调水系统。空调大系统设备包括送风机、排风机、空调机组、回排风机以及风阀等设备，因风阀用电量较小，故只需计量空调机组、送风机、排风机即可，相应风机、空调机组的用电量总和即空调大系统用电量。空调小系统各种空调小机组、送风机、排风机，数量较多，建议只计量10kW以上的用电设备，其总用电量可通过计算得来。空调水系统主要计量设备为冷水机组、冷冻泵、冷却泵、冷却塔风机。多联机空调主要是高架车站管理及设备用房空调，也有部分地下车站关键设备房采用了多联机空调，统一计入多联机空调分项。隧道通风系统主要为隧道风机、排热风机、射流风机以及风阀等设备，因风阀用电量较小，射流风机在正常通风模式下不动作，在灾害模式下运行，也可以不计量，故只需计量隧道风机、排热风机即可，相应风机的用电量总和即隧道通风系统用电量。以南京地铁 2 号线某车站具体分析如下（见表 1）。

表 1　南京地铁 2 号线某车站环控设备用电进、出线统计

序号	回路编号	设备名称	功率(kW)	变电所出线
1	2-6	回排风机	7.5	P04-10,P19-10
2	2-4	空调机组	4.4	
3	2-3	空调机组	9	
4	2-1	排风机	110	
5	3-5	排风机	1.5	
6	3-4	排风机	1.5	
7	3-3	排风机	0.55	
8	3-1	排风机	0.044	
9	5-6	回排风机	2.2	P05-10,P18-10
10	5-4	排风机	1.5	
11	5-3	送风机	1.5	
12	5-1	送风机	110	
13	6-5	冷却塔	5.5	P11-8
14	6-4	冷却塔	5.5	
15	6-3	冷却水泵	30	
16	6-2	冷冻水泵	30	
17	6-1	冷水机组	160	
18	7-4	冷却塔	5.5	P12-6
19	7-3	冷却水泵	30	
20	7-2	冷冻水泵	30	
21	7-1	冷水机组	160	

序号	回路编号	设备名称	功率(kW)	变电所出线
22	8-5	冷却塔	5.5	
23	8-4	冷却水泵	11	P12-7
24	8-3	冷冻水泵	11	
25	8-2	冷水机组	48	
26	10-6	排风机	0.75	
27	10-3	空调机组	0.75	P06-11,P17-11
28	10-1	排风机	110	
29	12-4	排风机	0.55	
30	12-3	送风机	0.55	P16-10,P07-10
31	12-1	送风机	110	

资料来源：根据调研整理。

该站变电所有 11 路出线供车站环控设备提供用电，城市轨道交通通风设备同时兼具防灾排演的功能，设计为一类负荷，采用一主一备双回路供电。在 400V 开关柜出线端，对 P04-10、P19-10、P05-10、P18-10、P06-11、P17-11、P16-10、P07-10 8 路出线进行计量，这 8 块表计有功电量总和即车站通风设备的用电量，而在环控电控室对 4 个 110kW 的送风机（ZSF-A 和 ZSF-B）、排风机（ZPF-A 和 ZPF-B）进行计量，这 4 个表计的有功电量总和即空调大系统的用电量，再用车站通风设备的用电量减去空调大系统的用电量，即可得到空调小系统的用电量。空调水系统为三类负荷、一路供电，可通过计量 P11-8、P12-6、P12-7 3 路出线，得到车站水系统的用电量，在环控电控室对冷水机组、冷冻泵、冷却泵、冷却塔风机进行计量，相应回路的用电总和即相应分项用电。

（3）动力和特殊分项

动力分项用电设备为自动扶梯、各类泵、站台门等系统；特殊用电分项设备为通信信号、BAS/FAS 等弱电系统。两个分项大多采用双回路供电（一主一备），两个供电回路表计的有功电量总和即该设备用电。

（三）城市轨道交通能耗数据分户模型

在城市轨道交通能耗分类分项模型里面着重分析了车站动力和照明能耗的分类分项，但是城市轨道交通除了车站与列车牵引用电外，还有基地、控制中心以及主所等建筑用电，为此建立了城市轨道交通能耗数据分户模型（见图 2）。一般这些建筑为地上建筑，可以采用《国家机关办公建筑和大型公共建筑能耗监测系统分项能耗数据采集技术导则》进行分类分项，部分基地用房较多时，对面积较小、功能单一或管理单位单一的建筑可以只计量总用电。

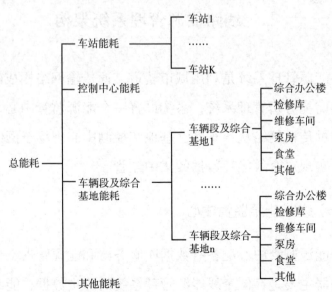

图 2　城市轨道交通能耗数据分户模型

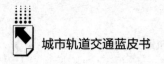

（四）总用电损耗及备用回路的说明

城市轨道交通线路较长，变压器数量多，总用电里面必然包括线损和变压器损耗，线路总用电减去牵引用电和动力照明用电即损耗，一般占总用电量的 2%～5%，对于损耗的处理有两种方法：一是可按比例折算给牵引、动力照明用电；二是统一归入动力照明用电。

400V 开关柜有部分备用回路，在建设期不接用电设备，主要为运营时备用，虽接入能源管理系统，正常值为 0，后期运营新增用电设备使用了相应回路后，需要将该回路调整到相应分项中去。

二　线路能源管理系统架构

线路能源管理系统是利用城市轨道交通传输网络构成的集中式数据采集监控分析管理系统，系统设置一个能源监管中心，能源监管中心通过传输网络从各车站、基地和控制中心现场子网中获取能源数据，实现对全线能耗数据的集中监管。

（一）线路能源监管中心

线路能源监管中心配备有数据库服务器和能源管理工作站，数据库服务器主要是存储全线能源管理系统的历史数据，能源管理工作站作为数据库服务器的客户端，在工作站上安装能源监管系统软件，通过运行该软件可实时显示系统所有智能电、水表运行状态及参数，查询服务器历史数据，进行统计、分析，生成各类能耗报表。

（二）现场子网

能源管理系统在城市轨道交通车站、控制中心、基地设置现场子网。现场子网由数据采集器、多功能电表组成。数据采集器实现现场网络与能源监管中心进行通信，向下与子网内各多功能电表进行通信，完成多功能电表的数据采集、存储和转发，实现遥测、遥信等功能，同时起到协议规约转换作用。而且其数据存储功能，可解决能源监管中心因网络中断等通信故障或其他原因造成中心数据的丢失问题，只要上线通信故障消除可根据中断数据丢失程度从网络控制器读取全部或部分数据，以确保现场能耗采集数据的连续性。

多功能电表具有遥测、遥信功能，可与数据采集器进行通信，可测量三相电压、三相电流、有功功率、无功功率、频率、功率因数、电能等，测量精度为电压 0.5 级、电流 0.5 级、有功功率 0.5 级、无功功率 1.0 级、功率因数 0.5 级、有功电度 0.5 级、无功电度 1.0 级，多功能电表具有 LED 显示面板。

三 线路能源管理系统功能

能源监管系统软件具有图形化的全中文人机界面、模块化结构、易于使用、配置灵活及便于扩展等特点，主要可以实现以下功能。

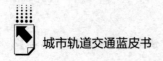

（一）数据采集和存储功能

按照用户设定的采集周期，自动采集多功能电表计量的数据以及设备运行状态，并将采集到的数据按分类、分项和分户要求进行归类并自动存储到数据库中。

（二）实时监测功能

对所有供电回路、设备具有实时自动遥信和遥测功能，实时显示设备运行状态及电力参数，显示指定电力参数（三相电压、电流、有功功率、无功功率、功率因数、频率等）的实时曲线。

（三）数据统计和分析功能

按照能耗统计报表要求，对采集到的数据进行统计，按照日、月、年和时段计算分类、分项能耗数据以及均值（单位面积均值）。

（四）数据查询和显示功能

用棒状图显示按日、月、年和时段的电度、用水量累积值；用趋势曲线显示电压、电流等模拟量的变化情况；用饼图显示分类、分项能耗的比例。

（五）报表和打印功能

根据用户管理需求生成各类报表并可自动打印存档。报表种类包括：分类、分项能耗的同比和环比报表；分类、分项能耗的排序报表；按能耗指标计算的排序报表；报警记录报表；运行事件报表。

（六）其他功能

根据登录用户的操作级别，系统可为其设置以下三种操作权限——系统管理员级、一般操作员级、普通用户级；系统将所有故障报警设置为带时标、自动上传、自动存储，为系统操作人员提供可追溯功能，以便于结合存储的历史数据分析报警产生的原因。系统还具有网络管理功能（即设备报警管理功能）对所有监测中的仪表进行报警管理，一旦仪表出现异常情况，在网络管理画面都可以立刻显示，并且可以手动对报警信息进行处理。

四　线网能源管理中心

随着各地城市轨道交通建设规模的扩大，投入运营的线路不断增加，节能管理人员面对的线路能源管理系统也越多，但是由于设计及招标等方面的原因，各线能源管理系统由不同的承包商承建，所采用的系统硬件与软件差异较大，在表计设置、能源管理软件界面、系统功能、能耗报表等各个方面存在较大差异。随着运营能源管理工作的深入，合理规划企业能源管理系统架构，全面监测运营能源消耗情况，实现能源科学化管理和分析，建设线网能源管理中心成为一种趋势。

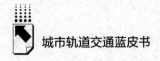

（一）线网能源管理中心架构

线网能源管理中心需将现运营线路能源数据接入，并留有足够的空间接入后续线路的能源数据。系统在建设前需要统一能耗分类、分项及分户模型，明确传输协议、传输参数选择和数据接入方案。

各个线路能源管理系统服务器都放置在相应线路的控制中心，地理位置较远，需要预留专网连接；若无专网连接，可根据线路能源管理系统软件普遍采用 B/S 架构，通过 Web 服务器接入公司 OA 网络，线网能源管理中心平台与线路能源管理系统之间通过企业 OA 网络连接，两者之间的数据接入采用数据库层接入方案，设立中间数据库，由线路能源管理系统按照约定格式，将数据实时存放入中间数据库中，线网级能源管理平台访问中间数据库获取数据。方案示意如图 3 所示。

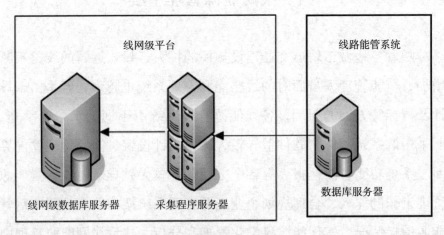

图 3 数据库层采集方案

该方案由线网能源管理中心平台负责设计中间数据库结构、部署中间数据库服务器、开发和部署数据采集程序，线路能源管理系统只需开发、部署数据录入程序即可，双方工作范围明确，对运维中出现的各项问题就能及时定位和处理，工作效率高。

（二）线网能源管理中心功能

线网能源管理中心平台采用 B/S 架构，具有图形化的全中文人机界面、模块化结构、易于使用、配置灵活、操作便捷、人机交互简单清晰、便于扩展等特点，可直观查询各线路及各站点能耗数据，并支持各线路、各站点能耗横向对比，以及展示各类统计报表。

线网能源管理中心软件界面包含数据查询、统计指标等多个模块，除了线网级能源管理系统具备的基本功能外，还结合城市轨道交通能源管理工作实际增加了部分功能。其中首页概览以区域化面板显示城市轨道交通总体用能情况；数据查询模块用于实时查询各用能站点用电数据；统计指标模块主要用于横向对比各线路、各站点能耗数据，并提供诸多报表配合展示；定额管理模块可以用于设定用能线路或站点的年、月能耗定额，支持计划用量与实际用量对比，以及计划费用与实际费用对比。主要特色功能介绍如下。

1. 数据查询

线网能源管理中心平台主要是针对线路、站点及各能耗类别的查询，为了实现快速查询，系统设置了分户树和分项树，在分户树中可选择线路、站点、基地和区间，分项树则是按照统一制定的分项规则，选择动力照明和牵引用电，并可在动力照明用电下继续细分照明、通风空调、动力、特殊等分项，也可继续往下分项。再结合时段的选择，可快速实现站点与分项能耗和负荷的查询显示。

2. 限额报警

通过制定异常用能规则，系统定时监测站点用能是否达到设定阈值，超过设定时将进行报警。异常用能规则条件设定为两类，一类为汇总用能，另一类是上涨百分比，选择监控时间段内用能上限阈值，可选择上周、上月、上年同期的汇总用能与同期比较，也可以单独设置上限值，也可单独设置上涨百分比，或者使用两者结合方式，满足其中一个条件则进行报警显示。通过该功能可对关键表计、关键用能设备进行限额管理，出现报警及时进行干预，现场核查表计，从而发现用能异常。

3. 定额管理

该模块主要结合城市轨道交通车站能耗定额管理工作，用于设置车站能耗定额，查看实际用能与定额用能的差距，可对发生超额用电的车站进行分析，对车站用能定额管理工作执行情况进行监督。在"能源目标管理"编辑车站每月定额指标，在实际运行中，对实际用电量与定额指标进行比较。

4. 用能指标管理

各家城市轨道交通企业可根据各地实际建立用能指标，南京地铁建立9个用能指标，分别为单位建筑面积动力电耗、单位建筑面积照明电耗、单位建筑面积空调电耗、每车公里牵引电耗、每乘次牵引电耗、每乘次动力电耗、每人公里牵引电耗、每人公里动力电耗、每人公里总电耗。在能源管理中心平台目前主要是通过计算导出这些指标值，通过同比和环比的分析，对指标异常的线路、车站、分项，再结合现场实际检查，提出整改措施。

五　建议

城市轨道交通能源管理系统及线网中心平台方便地实现了地铁用能分项与分项、车站与车站、线路与线路之间能耗的比较分析，车站能耗定额管理，关键用能设备的限额报警等功能，为能源管理人员进行能耗管理提供极大的帮助。在能源管理系统建设和使用中，建议注意以下几点。

（一）建立能耗数据模型并统一应用

城市轨道交通行业技术飞速发展，用电设备繁多，能源管理系统功能越来越强大，但是其根本还是要结合线路实际做好能耗数据的分户、分类、分项工作。各城市轨道交通企业在进行能源管理系统建设时，首先要建立能耗数据模型，并要求所有线路进行统一应用，方可在分项与分项、车站与车站、线路与线路之间进行比较分析。在能源管理系统功能设计时，依据能耗模型，确定表计的分项归属和分户归属，并确定表计之间的分级关系，从底层往上逐步计算出上一级分项的用电量，用户才能通过分户树和分项树的结合查询所需要的设备或系统有功电量及其他参数，通过进一步的统计分析，发现问题，挖掘节能潜力。

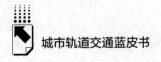
（二）建立数据清洗机制，确保数据准确

能耗数据是能源管理系统的最大产出，数据量大而且由于表计故障、通信故障、系统软硬件故障等多种原因可能会导致能耗数据出错，应建立必要的数据清洗机制，对能耗数据进行辨别，处理错误数据，保证能源管理系统的统计和分析准确性。数据清洗机制可根据企业能源流向，明确上下级表计之间的关系来建立。

（三）加强商业用电管理，避免商业用电混入其他分项

城市轨道交通运营后，车站主要新增用电为商业设备（各种售卖机、新增商铺等）用电，其用电基本上是就近使用公共区插座或就近接入照明配电室照明用电回路，从而造成商业用电量计入照明用电量，导致照明用电数据失真。造成这个问题的原因主要是接电管理审查不严、可接入商业用电回路距离远、敷设线路成本较高等。建议在新增商业设备接电审批时，指定接入商业用电回路，同时在车站低压供电设计阶段增加商业供电回路，敷设线路到车站照明配电室或商业密集区域，方便商业设备接入用电。

借 鉴 篇
Reference Reports

B.9

国外城市轨道交通绿色运营技术进展

陈绍宽　陈哲轩　于平玮*

摘　要： 我国城市轨道交通绿色节能运营技术近年来发展较快，但总体上存在应用水平参差不齐的问题，一些早期开通的线路普遍存在节能效果不明显、清洁能源使用有限等不足。本文主要从以下三个层面总结国外城市轨道交通对绿色节能运营技术的应用现状和发展水平：一是从发展背景及目标、发展政策及标准的角度介绍国外典型城市轨道交通的绿色发展情况；二是对国外城市轨道交通车站、线路的节

* 陈绍宽，工学博士，北京交通大学教授，交通运输学院城市轨道交通系主任、博士生导师，中国系统工程学会常务理事；陈哲轩，北京交通大学交通运输学院博士研究生，研究方向为交通运输规划与管理；于平玮，北京交通大学交通运输学院硕士研究生，研究方向为交通运输规划与管理。

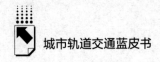

能管理与绿色运营技术的应用现状进行总结分析，主要包括照明、电扶梯管理和通风空调使用等方面；三是对列车的设备、运行控制和运营组织等方面的节能技术展开阐述，以国外城市轨道交通系统的相关应用实例为借鉴。最后，在总结上述进展的基础上，结合我国城市轨道交通的实际发展情况，有针对性地提出关于发展政策、节能管理、运营组织等方面的绿色建设建议。

关键词： 城市轨道交通　绿色发展　节能管理　绿色运营

一　概述

截至 2022 年底，交通运输行业碳排放量占全球碳排放总量的比重超过 22%，达到 7.98 亿吨（Gt）①。图 1 比较了 2020 年各交通方式碳排放的分布情况，其中道路交通是全球交通运输碳排放的主要来源，航空的碳足迹最高，除步行和自行车以外，轨道交通的碳足迹最小。与其他交通方式相比，地铁和轻轨等城市轨道交通由于基本实现了电气化运行，并且部分使用了可再生能源进行供电，因此碳排放量较其他交通方式更低。近年来，一些国家也开始着手研究和实践可再生能源对轨道交通传统能源的替代，如荷兰和日本通过示范项目验证了氢能源作为

---

① CO₂ Emissions in 2022, https：//www.iea.org/reports/co2-emissions-in-2022.

柴油铁路线路的能源替代以及作为铁路低碳燃料的可行性，德国下萨克森州轨道交通线路以及印度 Sonipat-Jind 线路已开始运营氢能源列车。

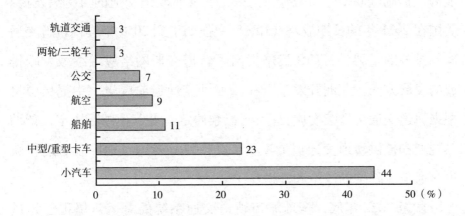

图1　2020年全球不同交通运输方式碳排放量分布情况

资料来源：Distribution of carbon dioxide emissions produced by the transportation sector worldwide in 2021, https：//www. statista. com/statistics/1185535/transport-carbon-dioxide-emissions-breakdown/。

国外不同地区针对轨道交通的绿色转型策略各有侧重，但大多都围绕本国或各大洲交通运输净零排放的宏观发展策略展开，各地区的净零排放目标在排放范围（仅 CO_2 或其他温室气体排放）、应用规模（仅市政中心或全域）和实现时间等方面各不相同。其中，轨道交通净零排放目标在欧洲、拉丁美洲和加勒比地区应用最为普遍，其次是东亚和太平洋地区以及北美洲。

在2015年12月的联合国气候变化大会上，全世界194个国家或地区共同签署了《巴黎协定》（The Paris Agreement），对2020年后全球应对气候变化的行动作出了统一安排，包括所有国家减少排放和共同努力适应气候变化影响的承诺①。2019 年 12 月，欧盟委员会公布了应对气候变化、推动可持续发展的"欧洲绿色协议"，希望能够在 2050 年前实现欧洲地区轨道交通的"碳中和"，通过使用清洁能源、抑制气候变化、减少污染等措施实现轨道交通的可持续发展。美国在 2021 年的长期战略（LTS）中强调了到 2050 年实现轨道交通净零排放的重要性，LTS 战略指出了轨道交通网络应继续减少碳排放的发展方向。亚洲开发银行在《亚洲交通运输展望》中提出了将根据轨道交通可持续发展目标、《巴黎协定》及其他国际协定，帮助其规划和提供轨道交通援助项目，支持亚洲各国及地区政府进行轨道交通节能降碳的政策和举措。

截至 2022 年底，全球城市轨道交通系统的总运营里程已超过41000 公里，其中我国的城市轨道交通总运营里程占全球总运营里程比重已超过 1/4②。得益于城市轨道交通准时、节能等特点，规模庞大的城市轨道交通网络使我国的人均交通排放量有了明显的减少，为我国实现"双碳"目标作出了积极贡献，有效赋能了我国交通强国的建设。然而，我国城市轨道交通系统建设起步较晚，在绿色运营技术（如车站节能管理、列车节能运行组织等）的应用上仍有较大的提升空间，尚未充分支持我国轨道交通的可持续和高质量发展。因此，有必要探索和总结国外城市轨道交通先进的绿色运营技术和绿色发展理念，为我国城市轨道交通实现节能降碳目标提供理论和现实依据。

---

① The Paris Agreement, https：//www. un. org/en/climatechange/paris-agreement.
② 韩宝明、习喆、孙亚洁等：《2022 年世界城市轨道交通运营统计与分析综述》，《都市快轨交通》2023 年第 1 期。

二 城市轨道交通绿色发展背景及相关政策

（一）国外城市轨道交通绿色发展背景及目标

随着温室效应的不断增强，为抑制温室气体增加对气候变化带来的不利影响，194 个国家或地区共同签署了《巴黎协定》，并相继提出了"碳减排""碳中和"等目标。作为公共交通体系的核心之一，城市轨道交通既是社会经济发展的重要组成部分，也是交通运输行业用能的关键领域，在各国实施"碳中和"战略的目标背景下，城市轨道交通肩负着节能降碳的重任。

截至 2022 年底，欧洲交通运输排放量约占欧洲温室气体排放总量的 25%，并且占比仍在不断提高。为克服这些挑战，欧洲各国签订了《欧洲绿色协议》，旨在将欧洲转变为一个现代化、资源节约型和有竞争力的经济体，这就需要在交通方面进行变革。在此背景下，以英、法、德为主要代表的欧洲国家相继提出了可再生能源供电和温室气体净零排放的绿色发展目标。英国提出了到 2030 年实现净零排放和到 2050 年实现碳中和的计划，并通过向绿色能源供应商购买电力等方式推进轨道交通向 100% 可再生能源供电的目标发展；法国的净零排放目标是到 2050 年，使以巴黎为代表的各城市成为完全由可再生能源供电的碳中和城市，并加大各城市轨道交通对环保、可持续能源的使用力度；德国的目标是到 2050 年，将轨道交通可再生能源发电的份额提高到 80% 以上，并减少至少 80% 的温室气体排放量。

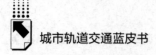

以美国、加拿大为代表的北美洲各国在石油、天然气等能源的消耗上位居世界前列，其中交通运输行业是北美主要的温室气体排放源之一。在此背景下，减少交通运输系统（包括城市轨道交通系统）的温室气体排放将有效增强各国经济的现代化和可持续投资，解决环境污染分布不均衡和气候脆弱性等问题。美国的2030计划是将温室气体净排放较2005年减少50%左右，并要求各城市轨道交通运营企业制定可持续、电气化和零排放过渡计划，如洛杉矶地铁在2020年可持续发展战略计划中提到，要在2030年前通过电气化和系统改造将地铁运营的温室气体总排放量较2017年减少79%，将地铁系统的能源消耗减少17%，以及提高可再生能源发电水平；根据《2030年绿色经济计划》，加拿大魁北克市政府承诺到2030年将温室气体排放量比1990年减少37.5%，蒙特利尔交通公司（STM）计划到2025年将能源效率和可再生能源、气候变化和空气污染作为优先考虑的两大目标，以加大运营线路清洁能源的使用比重。

21世纪以来，亚洲已成为世界上最大的区域经济增长体。然而，其也面临空气污染、海洋污染和大量的温室气体排放等问题。为缓解温室气体排放的进程，东盟、东亚峰会和中韩日三方合作等组织或论坛相继出台了绿色增长和可持续发展相关议程。日本通过利用尖端技术、实施环境政策以及与学术机构、公共和私营部门以及非政府组织合作，旨在到2030年实现城市轨道交通温室气体排放量比2000年减少50%、可再生能源电力使用占比达到50%等目标，其中以东京地铁和JR东日本铁路公司为代表的运营企业相继制定了"2030年可持续发展愿景"；为缓解城市地区高密度人口带来的交通拥堵和降低碳排放水平，以首尔为代表的韩国各城市致力于可持续地铁系统的建设，目标是到 2030 年使地铁系统成为公共交通体系的中心，并使温室气体的排放量降至 2005 年的 40% 左右。

总的来看，国外城市轨道交通的绿色发展目标各有侧重，大体可分为"节能"和"降碳"两方面，目的在于构建可持续、无污染、零排放的城市轨道交通系统。在节能方面，由于城市轨道交通系统以电能消耗为主，国外主要关注如何提升可再生能源（如太阳能、氢能等）供电的比重，从而减少不可再生能源（如石油、天然气、煤炭等）的消耗；在降碳方面，为应对全球气候变暖，各国都设定了以二氧化碳为主的温室气体的净零排放目标，以逐步实现城市轨道交通碳中和的愿景。

（二）国外城市轨道交通绿色发展政策及标准

作为一种高效、低碳的交通方式，城市轨道交通在国外城市得到广泛应用并取得了显著的效果。为了紧跟世界低碳绿色转型的步伐，积极响应《联合国气候变化框架公约》以及联合国《生物多样性公约》，继续推动城市轨道交通的绿色发展，各国纷纷制定了相应的政策和标准，具体可分为低碳零碳、节能减排和环境保护三类。

1. 低碳零碳

使用低碳零碳交通出行是应对全球气候变化的重要途径，是节约能源和实现城市轨道交通可持续发展的必然选择。为达到全球温室气体净零排放的绿色发展目标，各国相继出台了城市轨道交通低碳零碳发展的相关政策和标准。

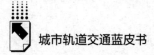
2018 年，英国伦敦市政府发布了《伦敦环境战略》和《零碳伦敦：1.5℃兼容计划》，承诺将伦敦的净零碳排放目标提前到2030 年，并在 2050 年实现 80%的碳减排；法国在 2015 年的《国家低碳战略》（SNBC）中提出，到 2030 年轨道交通的碳排放量比2015 年减少 28%，于 2019 年颁布的《关于能源和气候的第 2019~1147 号法》①也是响应《巴黎协定》应对气候变化承诺的一部分，计划于 2050 年通过将温室气体排放量减少到原来的 1/6 以下来实现碳中和，同时还将限制与电力生产相关的温室气体排放；《德国气候保护法》规定到 2045 年实现碳中和，所有部门（包括城市轨道交通行业）都指定了要达到的节约目标和年度二氧化碳排放量；西班牙巴塞罗那《交通战略计划 TMB2025》②提出到 2025 年减少17000 吨二氧化碳排放量，通过应用绿色技术（如回收列车的再生制动能量），将地铁能耗减少 6%；美国洛杉矶地铁《超越可持续发展战略计划》③的具体目标包括：到 2030 年地铁的可再生能源发电量增加两倍，温室气体排放总量减少 79%，氮氧化物排放总量减少 54%，运营废物填埋转移率达到 50%。

2. 节能减排

国外城市轨道交通政策中普遍包含节能减排相关要求，政策鼓励轨道交通运营企业采用节能技术，优化能源利用，降低能耗和碳

---

① France, Law on Energy and Climate Adopted, https://www.loc.gov/item/global-legal-monitor/2019-12-04/france-law-on-energy-and-climate-adopted/.

② Strategic Plan TMB 2025, https://www.tmb.cat/fr/sobre-tmb/coneix-nos/pla-estrategic.

③ Moving Beyond Sustainability, https://www.metro.net/about/plans/moving-beyond-sustainability/.

排放水平，利用清洁能源替代传统能源，实现节能减排运行的目标。

英国《伦敦市长交通战略》（MTS）[①] 为了实现零碳目标，计划在轨道交通列车上实施零排放技术，并使轨道交通网络实现由风能和太阳能供电；法国 2020 年的《关于多年能源规划的第 2020~456 号法令》提出，到 2030 年轨道交通可再生能源将占总能源消耗的 15%；西班牙马德里地铁实施了 2012~2017 年节能计划以及能源效率计划，使得马德里地铁的电力消耗从 2011 年的 750 吉瓦·时（GW·h）减少到 2018 年的 562 吉瓦·时；美国华盛顿大都会地区交通管理局正在实施《2025 年能源行动计划》[②]，要求地铁运营企业主动管理能源使用，减少不确定能源定价的风险以更好地管理成本，降低华盛顿地铁系统的二氧化碳排放水平，促进该地区可持续发展。

3. 环境保护

为了促进城市轨道交通的可持续发展，国外城市普遍制定了环境保护政策。例如，要求轨道交通运营企业使用清洁能源，并控制废气排放和噪声污染，将环境保护的理念贯彻到城市轨道交通规划、建设与运营的所有环节。

德国《2050 年气候行动计划》[③] 报告中提出：到 2050 年，德国的交通系统将实现脱碳，即不再依赖含碳的化石燃料，同时建立

---

① TfL Energy Strategy，https：//content. tfl. gov. uk/sshrp－20180620－part－1－item－07－tfl－energy－strategy. pdf.

② 2025 Energy Action Plan，https：//www. wmata. com/initiatives/sustainability/upload/WMATA-Energy-Action-Plan-Final-4_18. pdf.

③ Climate Action Plan 2050，https：//ec. europa. eu/clima/sites/lts/lts_ de_ en. pdf.

一个噪声、空气污染物排放和土地占用将显著低于目前水平的交通系统；日本在 1997 年 6 月联合国大会环境与发展特别会议上宣布了日本全面的中长期环境合作计划，称为"面向 21 世纪的可持续发展倡议"（ISD）[①]，其中包括日本针对缓解全球变暖问题相关的支持；加拿大多伦多交通委员会的《绿色采购政策》鼓励多伦多地铁在行业和技术条件允许的情况下，将环境绩效标准纳入供应链程序、流程和活动，并通过将环境因素纳入采购过程的各方面来不断改进采购实践；澳大利亚悉尼地铁制定的《悉尼地铁环境和可持续发展承诺声明》[②]，对于每个项目都制定了一项战略或计划，同时将环境和社会因素纳入项目的各个方面并融入设计、采购、交付和操作流程。

总的来看，世界各国城市轨道交通绿色发展政策及标准的制定，主要目的是实现节能减排、环境保护以及推动城市可持续发展，也为城市轨道交通的建设和运营提供了有力支持。低碳零碳目标和节能减排要求是城市轨道交通绿色发展政策的重要组成部分，引导着轨道交通运营企业采用可持续能源和节能技术。通过有效减少碳排放和能源消耗，从而降低城市轨道交通对气候变化和环境负荷的影响，促进城市轨道交通向绿色发展的方向迈进，增强城市公共交通的可持续性和环境友好性。

[①] Initiatives for Sustainable Development Toward the 21st Century, https://www.mofa.go.jp/policy/environment/warm/kyoto_ init/kyoto_ full.html.

[②] Environment & Sustainability Statement of Commitment, https://www.sydneymetro.info/sites/default/files/2023-08/Attachment%20B_ External_ Website_ Internal%20IMS_ Sustainability%20and%20Environment%20Statement%20of%20Commitment.pdf.

三 城市轨道交通系统节能管理与绿色运营技术

（一）国外车站照明与电扶梯节能管理与运营技术

1. 使用节能灯具

照明系统是城市轨道交通车站第二大能源消耗领域，约占大型车站总能耗的 15%。为了达到最佳的照明效果、减少电力消耗，有必要改进照明系统的管理和利用。国外许多地铁和轻轨车站都建于 20 世纪，多数车站的照明都是传统方式。因此，为降低照明能耗，各国城市轨道交通系统逐步更新了照明灯具。

纽约地铁[①]改用 T12 荧光灯泡，节约了 28% 的电力消耗，显著提高了车站和隧道的照明效果。在所有紧凑型灯泡 1300~7500 小时的使用寿命内，共减少了 10000 磅二氧化碳的排放量，同时每年为纽约地铁节省 4 万美元。华盛顿地铁[②]为其车站照明系统提供电气设计改造工作，包括轨道床、塔架和护栏照明，将低效荧光灯升级为节能 LED 照明。华盛顿地铁的主要目标是提高地铁站的亮度和安全性、降低能耗，并改善照明维护。LED 灯比传统的白炽灯泡和荧光灯管等更节能且维护成本较低。因此，LED 照明是地铁照明系统的首选，满足节能高效、稳定可靠的地铁照明要求。

[①] New York city transit and the environment，https：//new. mta. info/transparency/new-york-city-transit-and-the-environment.

[②] Making dcs-metro brighter safer and more sustainable，https：//www. mcdean. com/making-dcs-metro-brighter-safer-and-more-sustainable/.

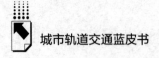
2. 智慧化用电管理

照明系统具有很大的节能潜力，因此，有必要采用智慧化的用电管理策略，以节约照明用电。国外由于地铁建设发展历史较长，对照明设计的研究更为深入。

德国和日本[①]非常重视地铁照明系统的设计，通过采用精细化的照明设计丰富车站照明的层次，提升乘客的舒适度。印度新德里地铁通过在屋顶安装平行条形灯面板以提供照明，并利用照明控制系统调节灯具的照明亮度。此外，随着科技的进步，在地铁照明系统中引入智能控制技术，可实现相较于传统照明控制方法更佳的节能效果。

巴塞罗那地铁[②]为了降低地铁车站照明用电量，研究了一种调节人工光源照度的自适应照明策略。该策略是以车站的占用率和灯具的预防性维护、清洁周期为基础，通过均值聚类技术进行车站照明控制的一种方法，该方法利用数据挖掘技术减少了地下车站的初始投资，并且可以与现有技术相兼容。将该方法应用于巴塞罗那地铁网络的 115 个地铁站，整体省电 255.47 MW·h，占车站照明消耗的 36.22%。研究结果对世界各国城市轨道交通运营企业和其他地下空间管理者的节能项目规划具有一定的参考价值。

除了自适应的照明策略以外，由荷兰地铁[③]开发的智能照明系

---

① Shakya K. M., Saad A., Aharonian A., Commuter Exposure to Particulate Matter at Underground Subway Stations in Philadelphia, Build. Environ. 2020, 186: 107322.

② "Casals Reducing lighting electricity use in underground metro stations," *Energy Conversion and Management*, 2016, 119 (7): 130–141.

③ Prorail trials intelligent-station-lighting, https://www.railjournal.com/regions/europe/prorail-trials-intelligent-station-lighting/.

统已经安装在 Zwolle Groningen 线的 Beilen 站、Hoogevenen 站和 Meppel 站。每个灯都装有一个运动传感器，可以检测到 20 米外乘客的运动。如果有乘客在场，照明系统将以最大亮度工作。该系统还可以根据周围的照明条件调整光线水平，在良好的天气条件下将使用更少的能源。荷兰地铁同时使用各种智能设备，以缩短灯具的开启时间，延长灯具的使用寿命，改善整体的照明质量，降低人力成本和运营费用。该系统安装在现有的照明设备上，这三个站点节省的费用可以在七年内覆盖设备成本，同时每年减少 17.6 吨的二氧化碳排放量。

随着地铁车站对照明管理的要求逐渐提高，智慧化的用电管理方法应用逐渐增多。巴塞罗那地铁采用自适应照明策略对车站照明进行精细化管理；荷兰地铁充分利用智能照明系统实现了节能管理。智慧化的用电管理在节约能源、降低能耗方面起到了显著作用。

3. 合理利用自然光

为了减少照明系统的能源消耗，新加坡地铁①探索利用自然光照明的可能性。通常车站入口使用自然光照明，而对于一些地下车站，大厅区域和站台区域也将提供天窗，天窗的自然光照明可以产生 1000 勒克斯（lux）的室内照明水平，而典型的城市轨道交通车站所需的照明水平为 200lux。通过使用光传感器，结合适当的照明电路设计与复杂的控制和监测系统，在不同的车站区域中采用适当

---

① Smart green underground metro station in Singapore，https：//www.hkie.org.hk/hkietransa-ctions/upload/2019-01-15/Smart_ green_ underground_ metro_ station_ in_ Singapore. pdf.

的照度可以降低能耗。除了提高能源效率外，天窗的使用也带来了阳光，增强了乘客的出行体验。

在高架站和地面站合理利用自然光照明对轨道交通节能影响重大。对于地面、高架车站与地下车站出入口应优先利用自然光，当自然光不能满足要求时应增设照明系统。

4. 自动扶梯节能管理

自动扶梯是大多数车站必不可少的设备。以欧盟为例，在欧盟27个国家的公共交通设施（车站、机场等）内装有15000多台自动扶梯，根据其配置和使用程度，每台扶梯的年能耗为4000~10000千瓦·时。国外常用的自动扶梯节能管理技术包括速度控制—自动识别乘客靠近和使用变频系统。

在降低自动扶梯能耗的方案中，速度控制因其有效性而得到最广泛的应用。通常自动扶梯工作在一个预先设定的额定速度，其范围为0.5~0.75米/秒。纽约地铁[1]自动扶梯在不使用时会减速并使用"睡眠模式"，传感器识别乘客的接近，自动扶梯逐渐提高速度。而由于绿色自动扶梯的某些部件可能比传统自动扶梯的使用寿命长11%~33%，可以有效节省维护和维修成本。

慕尼黑[2]运输局MVG地铁系统对由约770台自动扶梯组成的自动扶梯网络进行了节能管理的研究，并选择变频器控制自动扶梯的运行。此外，通过将矩阵转换器和再生单元组合在自动扶梯的设备

---

① New York city transit and the environment, https://new.mta.info/transparency/new-york-city-transit-and-the-environment.

② Reimagining the subway making public transport more energy efficient, https://www.hannovermesse.de/en/news/news-articles/reimagining-the-subway-making-public-transport-more-energy-efficient.

中，将制动时产生的能量反馈回电网，还可以用于地铁车站照明等。

电扶梯属于负载率差异明显的设备，在电扶梯上通过适当的措施来进行节能可以获得良好的效果，并能够在一定的程度上降低机械寿命损耗。

（二）国外线路车站通风空调节能管理与运营技术

在地铁车站能源使用方面，通风与空调系统通常占46%~71%[①]。据新加坡轨道交通的统计，通风和空调系统占地铁站能源消耗的55%左右。通过使用更高效的设备和智能系统可以更有效地调节车站的温度和空气质量，从而减少能源消耗和相关的二氧化碳排放。

1. 灵活通风策略

地铁通风系统是一个复合系统，各系统之间相互配合、协调运作，维持地铁站内舒适的环境和良好的空气质量。地铁站通常采用传统的机械通风系统去除室内污染物，能源利用效率低。

为了控制室内的PM10浓度，韩国轨道交通[②]开发了一种灵活的最优实时通风控制策略，以保持地铁站台内PM10浓度在健康范围内，并降低通风系统的能耗。通过多目标遗传算法在不同的时间间隔确定站台内PM10浓度的最佳设定点，以在保持室内空气质量健康水平和能源消耗的平衡。例如，在室外空气质量较好的条件

---

① Su, Z. and X. Li, "Analysis of energy-saving for ventilation and air-conditioning system of subway stations with platform screen doors," *Journal of Building Engineering*, 2022, 59: 105064.

② Li, Q., et al., "Flexible real-time ventilation design in a subway station accommodating the various outdoor PM10 air quality from climate change variation," *Building and Environment*, 2019, 153.

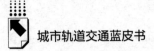

下，受控系统可以将通风系统的能耗降低10.3%；在室外空气质量不良时，站台PM10浓度峰值降低了约14微克/m³。

新加坡地铁将二氧化碳传感器用于调节车站的室外空气供应。安装的二氧化碳传感器自动调节车站公共区域的新风供气量，同时确保二氧化碳水平低于1000ppm。这一措施在不影响空气质量的情况下，减少了空调系统的能源消耗。据估计，减少的能源最多可达一个典型车站耗电量的0.36%。在部分负荷运行期间，使用变速驱动器有助于减少冷冻水泵和冷却塔的能源消耗，可减少约0.4%的车站耗电量。

采用合理的通风策略对调节室内空气、供应公共区域的新鲜空气、确保污染物水平低于给定的安全值和维持地铁内舒适的环境提供了有效支持。

2. 合理使用变频器

变频器在地铁通风系统中的主要作用是科学控制系统的通风频率，减少风机正常运转过程中所需的电量，并控制排送风的温度在工作范围内。

印度德里地铁①安装了空气处理机组和轨道排气扇上的变频驱动器，为车站提供了舒适的室内环境和更好的空气质量，同时降低了约20%的能耗，为每个地铁站每年节省的成本预计超过4万卢比。该方案每年减少了6.3万吨温室气体排放和污染。根据德里地铁规范守则，空调温度应在24~30℃，湿度水平应在40%~70%。

---

① Delhi Metro News: Delhi Metro's combat plan: Less cooling, more of fresh air, https://timesofindia.indiatimes.com/city/delhi/metros-combat-plan-less-cooling-more-of-fresh-air/articleshow/76099609.cms.

在凌晨 4 点 30 分到 8 点 30 分之间，当室外温度不高且客流较少时，新鲜空气将按照开放模式循环通风。上午 8 点 30 分之后，当高峰时段开始时，新鲜空气仍将在开放模式下引入，但空调的水冷式冷水机组将用于确保通风和冷却的平衡。

变频器在地铁系统的推广使用，能够有效减少通风空调的能源消耗，进而提升通风空调的整体节能效率，符合节能环保政策。

3. 使用高效制冷机

新加坡建筑管理局于 2005 年 1 月启动了绿色标志计划，以推动新加坡建筑业的环保发展。目前，新加坡地铁正在使用先进的高效磁制冷机，冷却器大部分时间都在部分负荷条件下运行，选择在这种条件下能够高效运行的机组较为适宜。此外，磁性制冷机以较小的振动和较低的噪声水平运行，提供了比传统制冷机更好的声学环境。冷水机组的自动化管理的实施预计可以节省 17%～30% 的能源。

新加坡地铁为提高冷冻水系统的效率而采取的另一种策略是提高冷冻水供应温度和冷冻水返回温度之间的温差。通过增加温差，降低水流量，从而节省冷冻水泵的能耗。此外，通过降低冷凝水的温度，可提高冷水机组的工作效率。

四　面向节能的城市轨道交通节能运行与运营组织技术

（一）国外列车节能运行设备设施与技术体系

国外城市轨道交通系统在运行设备设施与技术方面主要通过安

装轨旁储能装置和车载储能装置，优化牵引系统设备及车辆设备轻量化等方式来实现节能。

1. 轨旁储能装置节能

轨旁储能装置是近年来备受关注且在城市轨道交通系统中实际运用最广的节能设施之一。轨旁储能装置通过储存列车制动时产生的能量，为加速的列车提供能量。国外城市轨道交通系统主要采用的轨旁储能装置包括双电层电容器、飞轮、锂离子电池、镍氢电池和逆变器。

双电层电容器（EDLC，又称超级电容器）具有良好的功率性能，可以实现多次充放电循环，且循环效率也很高。国外生产商已推出基于双电层电容器的轨旁储能装置，并运用于墨尔本地铁、法国圣热尔韦—瓦洛辛铁路、日本西武铁路等轨道交通线路中。例如，基于双电层电容器的 Enviline 储能系统在制动列车接近车站时收集能量并短暂存储，然后在列车加速时将其重新注入列车的电源中。这种储能系统已被应用于墨尔本地铁赫斯特布里奇线中。该系统不仅克服了墨尔本地铁面临的电能质量和电压下降的问题，还能有效回收电网中损失的能源，减少15%的碳排放量[1]。

飞轮（FW）是一种机械储能装置，它通过转子的运动将电能转化为旋转动能。飞轮可以提供不同转速的系统，且充放电过程速度快、循环耐久性高、寿命长、储能量大。飞轮技术已运用于伦敦、比勒费尔德、弗莱堡等地的城市轨道交通线路中。其中，基于飞轮的 Powerbridge 储能系统在国外应用较广，该系统的额定容量

---

[1] ABB recycles spare energy in Melbourne's rail network, https://new.abb.com/news/detail/91213/abb-recycles-spare-energy-in-melbournes-rail-network.

为 4.6 千瓦·时，飞轮采取低速旋转模式，从 1800 到 3600rpm 不等，最大功率范围可达 1 兆瓦。该系统于 2000 年初在汉堡、汉诺威和巴黎等地进行了安装应用，每年可节约 450 兆瓦·时左右的电能[①]。2012 年，德国比勒费尔德的轻轨网络使用了该系统，系统装置安装于一条线路的末端，测试结果表明，该装置每年可以实现约 320 兆瓦·时的节能。2013 年，另一个飞轮储能系统被安装在德国弗莱堡的地铁网络。经测算，该装置每年可以实现约 200 兆瓦·时的节能，储能效率约为 80%。

锂离子电池是一种基于化学键的储能技术，成本低且具有较高的能量密度，但对温度较为敏感，使用寿命相对较短（最多 15 年）。锂离子电池技术已运用于费城地铁、神户铁路等轨道交通线路中。例如，费城地铁市场—法兰克福线使用的 Intensium Max 储能系统，该系统容量为 420 千瓦·时，最大输出功率为 2.2 兆瓦，并被二次扩展至 8.75 兆瓦。经测算，该系统工作日平均节能约 900 千瓦·时，周末日平均节能约 1300 千瓦·时。

镍氢电池（NiMH）是镍镉电池（NiCd）的进一步发展，其目的是取代有毒的镉元素。镍氢电池具有良好的性能，但对温度较为敏感，能量密度较低，成本相对较高。目前，基于镍氢电池的轨旁储能装置技术应用较少，主要有 Gigacell 储能系统。该系统额定电压为 670V，运用于大阪地铁、东京单轨及华盛顿地铁，由于电池系统直接连接到电源没有中间的电力设备，实现了高效率、低成本的运用。纽约地铁的运行结果表明，该系统可以有效减少线路电

---

① Meishner F., Sauer D. U., "Wayside energy recovery systems in DC urban railway grids," *eTransportation*, 2019, 1.

压降。

逆变器是一种将直流电转化为交流电的技术，可以将制动能量直接反馈到中压交流电网中，具有高性能、高效率、长寿命、低成本的特点。逆变器技术已运用于伦敦、米兰、鹿特丹、布鲁塞尔、东京等地的城市轨道交通线路中。其中，伦敦地铁利用 Hesop 系统，将列车在制动过程中产生的未使用的电力转换并传输到中压回路，以便在网络中重复使用。该系统可以使伦敦地铁的能源成本降低 5%[①]，并减少列车在隧道中制动产生的能量，降低运行冷却系统所需的能耗。

储能装置的应用正朝高功率和高容量的方向发展，具有很大的节能潜力。例如，应用成本的降低，逆变器和电池技术近年来的应用逐渐增加；双电层电容器技术效率高且可在低温环境下正常工作，相较于其他轨旁储能技术具有一定优势。

2. 车载储能装置节能

车载储能装置是城市轨道交通系统中实际运用广泛的节能设施之一，使列车可以暂时储存制动时产生的能量，并在下一个加速阶段重新利用。国外城市轨道交通系统主要采用的车载储能装置是双电层电容器和镍氢电池。

基于双电层电容器的车载储能装置已运用于斯德哥尔摩地铁、塞维利亚有轨电车、巴黎有轨电车和海德堡有轨电车等轨道交通线路中。其中，德国海德堡有轨电车使用基于双电层电容器的 MITRAC 节能装置系统，通过三个安装在车顶的储能单元来存储制

[①] Hesop, Saving energy and costs in a single solution, https：//www. alstom. com/solutions/infrastructure/hesop-saving-energy-and-costs-single-solution.

动过程中产生的能量，并在加速或运行期间再次释放能量，使车辆所需的能源最多减少 30%①。在启动和加速时，车辆需要大量电力供给，并给供电网络带来较大负担，而使用该系统可有效缓解此情况。此外，在没有接触线的情况下，车辆可以使用存储的能量进行无接触网运行。

基于镍氢电池的车载储能装置已运用于尼斯有轨电车、里斯本地铁等轨道交通线路中。例如，法国尼斯市于 2007 年在 20 辆 Citadis 有轨电车上配备了镍氢电池，该储能系统使尼斯有轨电车在马塞纳广场和加里波第广场区间约 450 米的两段非通电路段实现无接触网运营。2016 年，尼斯引入最新版 Citadis 有轨电车，在地面运行部分取消接触网供电，采用地面静态充电技术 SRS，使有轨电车在车站内停车时可以在 20 秒内安全自动充电，并配备车载储能装置 Citadis Ecopack，保证电车在两站之间独立供电运行。

相比于轨旁储能装置，由于没有线路的能量损耗，车载储能装置具有更高的运行效率。此外，车载储能装置还能降低系统网络中的电压降，并在特殊情况下允许列车无接触网运行。但车载储能装置通常在车辆上占用较大的空间，并且会显著增加车辆重量，一般仅在设计新型车辆时考虑安装。

3. 牵引系统设备节能

牵引系统设备节能是城市轨道交通运行设备设施节能的一部分，主要从供电网络、牵引设备等方面入手，通过改造、升级、替换设施设备等方式实现节能。目前，国外关于城市轨道交通牵引系

---

① German rail to implement Bombardier energy storage system, https：//www.metro-magazine.com/10026638/german-rail-to-implement-bombardier-energy-storage-system.

统设备节能的措施主要包括供电网络优化和车载牵引设备优化。

供电网络的优化主要是采用低电阻材料作为线路导体，可以减少供电网络中的能量损失。伦敦地铁使用铝导体轨道取代标准的钢导体轨道，作为第三轨进行供电，可有效降低电阻。此外，超导电缆也可作为传统线路导体的替代品。

车载牵引设备的优化主要是采用永磁电机（PMM）替代传统电机，可以提高电机效率、减少能量损失和噪声污染，并减轻设备重量。东京地铁系统采用永磁同步电机作为牵引设备，额定功率达到97%，该系列车较前系列车整体功耗降低了约37%[1]。开罗单轨使用安装有永磁电机的 Innovia 8 单轨列车，相较于传统电机而言，永磁电机重量更轻、结构紧凑，具有更高的功率重量比，可以提高列车性能、降低运营成本。此外，永磁电机采用封闭式电机，可防止污染、灰尘和极端天气等外部因素的影响，降低维护成本。

牵引系统设备节能主要从能源传输和使用层面实现节能，通过供电网络优化和车载牵引设备优化，可以减少供电网络的能量损失、提高列车牵引效率。目前，车载牵引设备的优化被国外许多运营企业和生产商纳入研究和运用实践。

4. 车辆设备轻量化节能

车辆设备轻量化也是城市轨道交通运行设备设施节能的一部分，主要从车辆制造阶段入手，在车辆材料、牵引设备等方面实现列车减重，从而降低列车运行能耗。车辆设备轻量化的主要方式包括采用轻质材料和升级牵引设备。

---

① Toshiba delivers world's first propulsion system integrating PMSM and SiC diode to Tokyo metro，https：//phys. org/news/2014-09-toshiba-world-propulsion-pmsm-sic. html.

欧盟的 Shift2Rail 项目旨在通过新型复合材料和模块化设计的结合以减轻列车重量，为乘客增加更多空间，并进一步降低能耗。巴黎、里昂和南特使用 Citadis Dualis 有轨电车，通过运用复合材料、新型转向架、永磁电机和 ONIX IGBT 技术，适应列车高速运行，提高乘客舒适性，有效降低了列车重量，并使其能耗降低10%[1]。该电车还使用绝缘材料和声学减震器以改善轮轨接触，降低电车轨道内外的噪声，噪声水平低于城市内汽车行驶产生的噪声水平。

车辆设备轻量化是在设计和升级列车车辆时促进列车节能运行的有效手段。此外，降低列车车辆重量还可以减少轨道磨损和列车车轮与制动器的磨损，从而降低系统的运营和维护成本。

（二）国外列车节能运行控制技术及应用效果

国外城市轨道交通系统在节能运行控制技术方面主要通过列车运行曲线优化、绿色牵引动力等方式来实现节能。

1. 列车运行曲线优化技术

列车运行曲线优化是在列车运行过程中通过调整限速、惰行进站、速度曲线优化等方式，降低列车牵引和制动能耗。目前，布鲁塞尔、圣保罗、马德里、新加坡等地的城市轨道交通线路采用不同方式应用了列车运行曲线优化技术。

布鲁塞尔地铁通过将不同区间的限速分别从 72 公里/时调整到

---

[1]　Citadis Dualis, the Alstom tram train for the French regions，https：//www. alstom. com/press-releases-news/2009/12/Citadis-Dualis-the-Alstom-tram-train-for-the-French-regions-20091216.

60公里/时和从60公里/时调整到50公里/时，使列车牵引能耗降低了15%[1]。圣保罗地铁3号线通过提高区间运行的加速度并降低区间运行的最高速度来减少列车的运行能耗，虽然该策略使列车平均到站时间有所延迟，但节能效果较为明显，平均节能率为3%~9%[2]。马德里地铁3号线和10号线通过使用计算机辅助软件优化列车运行的速度曲线，考虑舒适性、可操作性和节能指标，在不影响运行时间的情况下，实现列车运行能耗降低13%~35%[3]。新加坡城市轨道交通系统南北线和东西线采用列车自动控制系统，集成了基于智能和绿色通信的列车控制（CBTC）算法，使自动无人驾驶列车能够基于线路实际条件沿着优化的运行曲线行驶，并在部分合适站点采用惰行进站策略，在提高准点率的同时实现节省能耗、减振降噪、提高乘客舒适性的目标。

列车运行曲线优化通过改变列车运行过程中的牵引、惰行、制动操作的对应区间位置实现列车运行速度曲线的优化，使速度曲线更切合线路实际条件，能够有效实现列车减振降噪和节能运行。

2. 绿色牵引动力技术

绿色牵引动力通过使用绿色能源从而实现列车的节能和绿色

① A. González-Gil, Palacin R., Batty P., et al., "A systems approach to reduce urban rail energy consumption-ScienceDirect," *Energy Conversion and Management*, 2014, 80: 509-524.

② Alves F. T., Pires C. L., "IET Conference on Railway Traction Systems (RTS 2010) - Energy saving strategy in São Paulo Metro," 2010, 31-31.

③ M. Domínguez, A. Fernández, Cucala A. P., et al., Efficient design of Automatic Train Operation speed profiles with on board energy storage devices//Comprail. 2010.

运行。目前，国外主流的绿色牵引动力列车包括氢动力列车和电池动力列车，氢动力列车由氢燃料电池驱动，电池动力列车由锂离子电池等车载电池提供牵引动力，可以减少列车运行中的碳排放。

自 2016 年起，德国、意大利、法国等国家上线运营了由氢燃料电池驱动的 Coradia iLint 客运列车。Coradia iLint 客运列车由氢燃料电池提供牵引动力，这种零排放列车的噪声很小，且排放的尾气只有蒸汽和冷凝水。德国铁路将于 2024 年在开姆尼茨—莱比锡线运营 Coradia Continental 电池电动列车，该列车采用锂离子电池作为牵引动力，续航里程达 120 公里，电池模式下最高时速可达 160 公里/时，且可在无接触网和非电气化路段上运行，减少非电气化线路的碳排放污染。

绿色牵引动力技术主要应用于由煤炭、石油等不可再生能源发电的电气化或非电气化轨道交通线路中，列车不再主要依靠不可再生能源发电作为动力来源，从而减少列车运行产生的碳排放，促进列车绿色节能运行。

（三）国外列车节能运营组织技术及应用效果

国外城市轨道交通系统在节能运营组织技术方面主要通过列车运行图优化和多交路与多编组运营组织等方式来实现节能。

1. 列车运行图优化

列车运行图优化主要通过同步列车的加速和制动操作，以实现制动能量的再利用，从而降低城市轨道交通列车运行能耗。

马德里地铁 3 号线通过尽可能实现同一电力区段内列车加速和

制动时间的重叠，使用回收的制动能量来降低总能量消耗，优化后列车同步加速制动过程占比从 76% 提升到 85%，经实际测算，使用优化后的运行图可节省 3.52% 的能耗[①]。金奈地铁通过引入基于深度学习的智能地铁节能运行图调度系统以提供干扰事件发生后的即时优化方案，并通过尽可能利用再生制动能量来降低系统能耗，在实际情况下地铁列车的平均能耗为 971 千瓦·时，采用节能运行图调度系统可将列车平均能耗降到 887 千瓦·时，节约了 28.3% 的列车能耗[②]。

列车运行图优化是列车运行阶段优化节能的有效手段，可以实现列车制动能量的再利用，减少列车牵引加速过程的能耗，从而达到列车运行节能。

2. 灵活运营组织技术

灵活运营组织技术指采用多交路、多编组、快慢车等运营模式使运输能力尽可能地匹配客流需求，从而提高列车满载率，减少车底运行里程，减少列车能耗。

德里地铁 2 号线通过采用可变发车间隔、非高峰期 ATO 切换节能运行模式，以及多编组和大小交路模式结合运营的方式进行时刻表优化，使线路列车运力尽可能匹配全日不同时段下

① Pena-Alcaraz M., Fernandez A., Cucala A.P., et al., "Optimal underground timetable design based on power flow for maximizing the use of regenerative-braking energy," *Proceedings of the Institution of Mechanical Engineers Part F Journal of Rail & Rapid Transit*, 2011, 226 (4): 397-408.

② Kuppusamy P., Venkatraman S., Rishikeshan C.A., et al., "Deep learning based energy efficient optimal timetable rescheduling model for intelligent metro transportation systems," *Physical Communication*, 2020, 101131.

的客流需求，经测算时刻表优化后的列车运行能耗下降了2%①。纽约地铁5号线（莱辛顿大道快车）、A线（第八大道快车）、B线（第六大道快车）均采用多交路运营模式。通过采用多交路运营模式，纽约地铁各线列车满载率有所提高，客流更加匹配，有效降低了系统运营能耗。华盛顿地铁绿线、蓝线、银线均采用多编组运营模式，在高峰期同时上线6节编组列车和8节编组列车运营。在该模式下，华盛顿地铁高峰期列车满载率提高，车底走行公里数减少，在提高了服务水平的同时也降低了运营能耗。

灵活运营组织技术通过在同一线路开行不同交路、不同编组或不同速度等级的列车使线路运力能更精准地匹配线路条件和客流需求，从列车运行层面实现节能，在国外许多城市的轨道交通线路中得到广泛运用。

五　研究结论

（一）国外城市轨道交通绿色发展政策总结

在世界各国相继制定社会经济绿色发展战略的背景下，城市轨道交通在绿色发展政策的制定上各有侧重，主要包含低碳零碳、节能减排和环境保护三方面目标。

---

① Envelope M. K. S. A. P., Envelope B. K. C. B., "Timetable rationalization & Operational improvements by human intervention in an urban rail transit system: An exploratory study," *Transportation Research Interdisciplinary Perspectives*, 2023, 13.

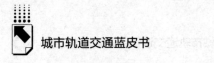

1. 低碳零碳

国外典型城市轨道交通的低碳零碳政策大多围绕"碳中和"宏观战略下的温室气体（二氧化碳为主）净零排放目标制定，世界各国均对实现净零排放的阶段性时间作出了承诺，如法国计划到2030年实现轨道交通的碳排放量比2015年减少28%，并在2050年实现碳中和。

2. 节能减排

在不可再生能源日益紧缺的背景下，实现能源的可持续利用，必须推进节能减排工作。在政策制定方面，世界各国都鼓励轨道交通企业采用节能技术以优化能源利用、降低碳排放，并要求或鼓励运营企业加大对可再生能源发电的使用占比，例如，英国在《伦敦市长交通战略》中计划利用风能、太阳能取代不可再生能源供电。

3. 环境保护

除了降碳和节能政策外，轨道交通的可持续发展离不开环境保护政策的制定和推行。德国、日本、加拿大、澳大利亚等国家对城市轨道交通环境保护提出了相关要求，在要求运营企业使用清洁能源的同时，控制废气排放和噪声等污染，降低城市轨道交通对环境的负荷。

（二）国外城市轨道交通节能管理与绿色运营技术总结

城市轨道交通车站内通风和空调系统、照明系统及电扶梯系统用电量约占车站用电量的90%以上，是实现城市轨道交通系统节能管理的关键领域。国外先进的节能控制技术措施及应用情况总结如下。

1. LED 照明和自然光

对于车站照明系统，国外城市轨道交通最常见的节能方法是使用 LED 照明取代地铁站的传统照明，其优点是照明维护成本更低且用电量更少；缺点则是初始投入成本较高，在一些早期开通运营的车站进行改造使用需要较大投资。另外，一些国家（如新加坡）还利用建筑和自然光结合的方式，通过在车站系统内部开设天窗，在节约照明能源的同时也提升了乘客的出行体验。

2. 智慧化用电管理策略

车站节能还可通过智慧化用电管理策略来实现，例如，巴塞罗那地铁采用调节人工光源照度的自适应照明策略，同时考虑车站的占用率和客流时空特征、灯具的预防性维护和清洁周期等进行照明策略的制定与优化。

3. 电扶梯自动调节变频器

对于车站内的电扶梯系统，国外城市轨道交通企业常用的节能手段是电梯自动感应乘客、采用变频器和矩阵转换器来调节运行，无乘客时采取慢速运行或暂停运行，例如，纽约地铁在电扶梯无人使用时会自动减速并进入"睡眠模式"。

4. 灵活通风策略和高效制冷机

通风和空调系统节能方面，韩国城市轨道交通模拟了最优的实时通风策略，印度德里地铁在空气处理机组和轨道排气扇上安装了变频驱动器，以提高能源使用效率和车站的空气质量。此外，还可利用制冷机以控制车站的温度，例如，新加坡地铁车站通过使用高效磁制冷机使地铁车站内保持恒温。

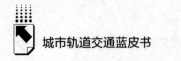

（三）国外城市轨道交通列车节能运行与运营组织技术总结

在列车节能运行与运营组织优化方面，国外城市轨道交通运营企业一般从设备设施、运行控制及灵活运营组织三个方面开展相关工作。

1. 再生能源利用与车辆轻量化技术

在再生能源利用方面，国外城市轨道交通运营企业广泛致力于研究与推广超级电容、飞轮、电池系统和逆变器等技术的应用，特别是关注高功率、高容量、高稳定系统的发展，如墨尔本地铁、德国比勒费尔德轻轨和伦敦地铁等。牵引系统设备改造升级与车辆设备轻量化技术也是促进列车节能运行的有效方式，例如，巴黎有轨电车将复合材料、夹层板、可回收材料和永磁发动机等技术充分应用，减轻了列车车体质量，确保列车车体材料可回收、牵引效率更高。

2. 列车运行曲线优化和绿色牵引动力

运营企业通过调整运行限速、惰行进站等策略，结合智能算法和辅助决策系统对列车运行速度曲线进行优化，减少列车牵引运行能耗。此外，随着新能源技术的不断发展，一些企业也引入绿色牵引动力以实现列车低碳节能运行，例如，德国、意大利等国上线运营了氢燃料电池驱动的客运列车。

3. 列车运行图优化和灵活运营组织技术

列车运行图优化可实现再生制动能的高效利用，通过协调多列车运行轨迹，充分利用列车群系统产生的再生制动能，降低系统总能耗。随着通信、信号等系统的进步，一些运营线路（例如，德里地铁2号线、纽约地铁B线等）也开始推广多交路、多编组、快慢车运行等精细化灵活运营组织模式，以减少列车的运行能耗。

六　建议

（一）加强政策引导，分阶段细化发展

城市轨道交通绿色产业发展需要明确的行业政策支撑，政策内容应涵盖节能环保、清洁生产、清洁能源、生态环境、基础设施绿色升级以及绿色服务等基本领域。我国地铁客流需求较大，存在显著的时空不均衡性等特点，因此要制定自主发展、可持续、高质量的绿色发展政策，既要做到节能减排，又要满足客流需求、保障客运服务水平。

为贯彻落实我国《2030 年前碳达峰行动方案》，在城市轨道交通领域应以技术、运营和设施三大创新为主要导向，不断发挥城市轨道交通绿色出行的优势和在城市交通体系中的关键作用。例如，青岛地铁集团于 2022 年 8 月发布了《绿色城轨发展实施方案》①，划定了 9 条行动路径和 64 项重点任务，制定了分阶段的发展目标。结合国外城市轨道交通在节能降碳等方面的相关目标和政策，并基于我国城市轨道交通的实际发展现状，建议我国城市轨道交通分阶段绿色发展目标可考虑以下内容。

2025 年绿色发展目标：①针对"碳达峰、碳中和"目标制定详细有序的标准规范与法规政策，提高能源利用效率，避免能源浪费；②加快城市轨道交通节能降碳技术的研发工作，并在全国各城市进行推广应用；③城市轨道交通发展整体能耗显著下降，城市轨

---

① 《2050 年高水平达成近零排放绿色城轨》，《青岛日报》2022 年 8 月 24 日。

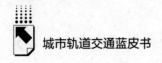
道交通乘客出行比例明显增加。

2030 年绿色发展目标：①实现在绿色低碳智能发展模式、绿色低碳关键技术和设备研发等方面的突破，建立完善的城市轨道交通绿色低碳发展体系；②城市轨道交通行业能源利用效率达到国际先进水平，大幅提升城市轨道交通乘客的绿色出行比例。

（二）健全统一的各城市各企业节能标准规范体系

我国运营城市轨道交通系统的城市超过 50 个，各城市因实际情况差异较大，出台的相关标准规范不同；还存在同一城市拥有多家企业运营的情况，不同企业运营的线路及车辆制式之间无法实现通用与联系，缺乏统一的运营标准体系。

建议结合宏观发展战略与企业发展需要，充分考虑城市轨道交通发展特点，制定相应标准与规范。各地铁公司可从规划设计、车辆制造、维修养护等方面逐步实现标准统一化与运营普适化。既可以降低运营维护成本，又可减少型号冗杂、接口不一、标准不同而造成的能源和资源浪费。

（三）制定适应客流时空分布不均衡性的车站节能管理策略

我国城市轨道交通客流具有典型的客流时空分布不均衡特性，结合国外先进的节能控制技术措施及应用情况，应提出适应具体客流时空特征的车站节能管理策略建议，对照明、电扶梯及通风空调系统等能耗占比较高的系统应分时段、分区域进行管理。

客流高峰期，站内人流量密集，为使乘客有较高的舒适度和便捷度，在公共照明区域应给予乘客充分的照明，通风和空调系统及电扶梯应保持较高频率运转，方便乘客出行；客流非高峰期，可按照不同区域设定相应的节能策略。例如，在站台两侧、紧邻楼扶梯等部分客流聚集区域，照明系统应维持较高的照度水平，通风和空调系统及电扶梯应保持较高频率运转；在客流较少的区域，可以适当降低灯具的照度，维持基本照度水平。当电扶梯轻载或是空载时，使用变频系统降低运行速度，实现节能目标。

（四）积极探索能源再生利用与列车轻量化技术

目前，国内多个城市的轨道交通线路已采用基于能源再生利用技术的储能装置，有效降低了列车运行能耗和企业运营成本。应进一步研究轻型复合材料、可回收材料、永磁电机等技术并推广应用，实现列车减重和减振降噪，提高列车牵引效率，提升乘客舒适性，改善列车车体材料的环保性与可回收性。

（五）优化列车运行过程，精细化运营组织模式

我国城市轨道交通运营企业应将列车运行曲线和列车运行图的持续优化融入日常运营管理工作中。通过列车运行图优化协调多列车运行过程，充分利用列车群系统产生的再生制动能，降低系统总能耗；通过列车运行曲线优化，列车速度曲线更符合线路实际条件，确保列车通过小半径曲线、连续曲线时具有更高的舒适性，实现列车减振降噪和节能运行。此外，还应深入研究多交路、多编组、快慢车等精细化灵活运营组织模式，确保运输能力与客流特征的高度匹配，减少列车运行里程，降低列车运行能耗。

专家观点篇
Experts Reports

B.10
高质量推进南京地铁运营绿色发展

张建平 *

摘　要： 城市轨道交通作为绿色环保的交通工具，在低碳交通运输体系建设中一直被委以重任。南京地铁以绿色转型为主线、节能降碳为重点，管理创新和技术创新双轮驱动，通过数字赋智、科技赋能，开展牵引节能优化，实施智慧照明，试点光伏发电，持续推进地铁运营绿色化发展。

关键词： 绿色发展　城市轨道交通　南京地铁

---

* 张建平，研究员级高级经济师，南京地铁集团有限公司党委委员、副总经理，南京地铁运营有限责任公司董事长，主要从事轨道交通企业管理、既有线路运营管理和网络化运营的筹备等工作。

随着城市化进程的加速，城市交通问题日益凸显。碳排放量的增加给城市环境带来负面影响，与此同时，愈加严重的交通拥堵问题也增添了市民的出行负担。为全面贯彻落实党中央、国务院碳达峰碳中和的战略部署，加快城市轨道交通数字化、智能化转型，切实解决现存城市交通问题，中国城市轨道交通协会相继发布《中国城市轨道交通智慧城轨发展纲要》与《中国城市轨道交通绿色城轨发展行动方案》，推动城市轨道交通行业的智能智慧化和绿色低碳化发展。

南京地铁运营以"交通强国"为使命，以发展纲要与行动方案为引领，积极助力"南京都市圈"及"长三角一体化"发展，在地铁运营绿色化与智慧化发展方面实施了一系列切实有效的行动：其一，地铁采用电力等清洁能源，进一步减少了对化石燃料的依赖，降低温室气体的排放量；其二，地铁列车调度、运营管理、安全监控等方面的自动化和智能化能有效提高列车运行的安全性和准时性，从而提升运营效率，优化乘客体验。南京地铁运营绿色化与智慧化的发展在缓解交通拥堵、改善空气质量、打造城市名片等方面都具有重要意义。本文将重点探讨南京地铁运营的绿色化、智慧化发展成果，分析目前存在的不足，并对其未来发展作出展望。

一 以"绿智融合"为核心，规划绿色城轨路径

以"绿智融合"为核心，规划绿色城轨发展路径，把"以节能降碳为最终目标，以创新革新为引领，以绿色转型为重要手

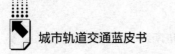

段，以清洁能源为方向，开展六大绿色城轨行动，实现碳达峰碳中和，建设绿色城轨"作为总体发展思路，将"绿色"与"智慧"作为两大重要抓手：一方面，埋头做事，积极开展绿色行动，将绿色、节能、环保项目落到实处；另一方面，研究趋势，在数字化发展的大背景下明确自身定位，通过数字赋智、科技赋能等手段，实现轨道交通从低维度运行到高维度运营的转变升级。

1. 绿色行动

南京地铁依据"1-6-5-1"绿色发展规划蓝图，统筹实施"绿色规划引领行动、绿色建造创建行动、绿色运营提升行动、绿色产业发展行动、绿色示范应用行动和全面绿色转型行动"六大绿色城轨行动，全面推进绿色城轨建设。

（1）绿色规划引领行动

从科学布局规划引领绿色发展、多元融合持续扩大绿色出行、集约共享推动资源高效利用三个方面深化推进，最终实现绿色规划引领。

（2）绿色建造创建行动

创建绿色车站、绿色场段、绿色控制中心、绿色线路。应用绿色环保车辆与装备，助力环保建设。

（3）绿色运营提升行动

多措并举，助力车辆牵引降耗；自动列控，助力运营降碳增效；智慧能管，助力城轨低碳运营；智能运维，助力运营效率提升。

（4）绿色产业发展行动

推进清洁能源利用，引导供能结构优化；发展绿色供电，引导绿色供能发展；推进节能技术发展，促进绿色装备应用；发展 5G 赋能，助力绿智应用落地技术，助力运营节能发展。

（5）绿色示范应用行动

以同城规划，扩大都市圈绿色出行；数字底座，推动绿智融合发展；绿智出行，提升同城服务水平；线网协同，助力都市圈一体发展等方向为重点，提升南京地铁绿色水平，打造绿色示范项目。

（6）全面绿色转型行动

发展管理平台，驱动管理绿色转型；建设绿色评价，促进标准体系转型；编制绿色导则，指引设计绿色转型；实现绿色建造，支撑低碳运维转型，最终实现南京地铁的全面绿色转型。

2. 智慧赋能

按照中国城市轨道交通协会智慧城轨发展纲要中"1-8-1-1"的体系，南京地铁运营分别从智慧乘客服务、智能运输组织、智能能源系统、智能列车运行、智能技术装备、智能基础设施、智能运维安全、智慧网络管理等八个方面实现重点项目落地，主要介绍如下几个方面。

（1）智慧乘客服务

开展南京地铁官方 App 方案研究及实施计划。作为南京地铁官方地铁乘车服务平台，具备不少于移动扫码支付、信息查询地铁出行路线、首末班车时间、车站服务设施、车站周边信息、站外实景导航服务、运营公告等乘客服务信息等功能需求。

（2）智能运输组织

结合南京地铁 4 号线草场门智慧车站设计、建设、运营情况，

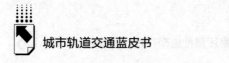

总结提升智慧车站技术标准，在 7 号线推广智慧车站建设。

（3）智能列车运行

结合 7 号线设计、建设、运营情况，总结提升全自动运行线路技术标准，在 6 号线、9 号线中推广应用全自动运行系统（不低于 GOA3 级）。

（4）智能技术装备

打造 5G 城轨平台及实验室，编制 5G+城轨应用技术标准。开展集约型网络一体化平台列车装备标准研究，在新线车辆中推广应用。

（5）智慧运维安全

建立完善全生命周期智能运维平台，提高车辆、信号、桥梁、隧道等数字化和智能化运维水平。

"绿色"和"智慧"是城轨实现可持续发展的驱动"双轮"，两者相辅相成、相互促进。一方面，智慧赋能、创新驱动，智慧化技术的应用可以实现高效的降本增效，助力城轨"双碳"目标的实现，促进绿色城轨发展；另一方面，绿色场景、低碳实践反推智慧城轨建设。南京地铁积极践行"绿智融合"，推动城市轨道交通迈向高质量发展。

二　以能源管理为抓手，制定绿色发展举措

（一）打造运营能源管理体系

南京地铁运营公司被纳入"国家节能万家企业"目录，是南

京市重点用能单位，坚持按照国家对万家企业、重点用能单位的能源管理要求开展相关工作，执行好相关法律法规，在能源审计、能源管理体系、能源计量管理等方面补足差距，夯实运营节能基础管理工作，打造运营能源管理体系。

（二）用能定额管理

做好用能定额管理，制定用能定额表，量化绩效考核；强化节能检查工作，加强节能宣贯，督促各单位开展好节能管理和检查工作，将节能工作的重心逐步下移，确保各项节能措施得到有效执行。拓展节能检查方式，善用能源管理线网平台，做好能源数据统计分析，通过定期的能耗数据比较、分析，积极发现问题、解决问题。

（三）挖掘节能空间

注重源头控制，挖掘环控系统节能空间。对已经实施的节能管理措施，随着运营里程和管理难度的增加，要大胆突破、不断创新，巩固既有的节能成效。针对运营用能管理的不足之处，要从制度入手，针对新老线路之间的差异，一线一策，抓牢抓细，完善运营各个方面的节能管理工作。

（四）运用节能新技术

扩大节能改造范围，推动节能新技术研究应用。继续推动智慧照明改造工作，在1号线和4号线推广。完成环境舒适度和环控节能关键技术研究与成果应用。开展非晶合金变压器、双向变流器技

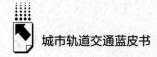

术试点。继续推进牵引运行图节能研究工作。在车站、基地用房建设光伏发电设备，助力国家碳达峰、碳中和目标实现。

（五）节能检查常态化

持续改进节能检查工作，对检查出的问题，除发文要求相关单位落实整改，节能办还抽取部分问题进行整改情况复查，确保相关问题得到彻底解决。下发《关于梳理运营公司节能管理网络和加强分公司节能管理的通知》，强化 7 个分公司的节能管理和节能检查，极大地提高了运营节能检查的频次，促进日常用能规范化。

（六）完善能源管理办法

细化运营公司《能源管理办法》，结合现场实际情况，有针对性地下发专项通知，落实节能管理措施。以公司能源消耗情况年报数据为依据，形成月度分析报告，确定专人对能源进行统计管理，分析能耗问题，提出解决办法。

三 以节能降耗为目标，多维开展绿色实践

近年来，南京地铁充分发挥技术创新作用，实施科技节能战略，在绿色地铁建设方面开展了一系列工作：完成 3 号线智慧照明改造，1 号线、10 号线及机场线 LED 照明改造，2 号线冷站系统优化等节能改造工作，开展能耗大数据与环控节能关键技术和 3 号线、宁天线列车运行等级节能研究技术研究，探索通风空调、牵引节能新方向，研究成果成功应用于实际节能工作中，取得了良好的节能效果。

（一）列车牵引节能优化

该技术主要是研究线路各区间单方向列车节能运行的优化问题。研究路径包括如下几个。

建立列车速度曲线学习模型：搭建仿真平台，对列车 ATO 运行速度曲线和列车 ATO 设备的特性进行学习，再利用实际测试数据进行学习仿真，生成不同运行时间下的速度曲线。

建立能耗计算模型：根据 ATO、列车和运行计算模型，计算出列车的每个区间运行牵引能耗。

对能耗—时间关系分析：单区间内不同的运行等级对应着不同运行能耗分布及区间运行时间，通过将实际测试出来的速度等级及其能耗和仿真出来的速度曲线导入建好的能耗计算模型中算出能耗，最终绘出 ATO 速度曲线—时间能耗分布图，拟合出一条运行能耗—时间函数关系曲线。最后，通过帕累托最优算法求最佳解集后，可以得出在不同单程运行增加时间下的节电率。

目前该技术已经在南京地铁 S8、3 号线、10 号线等 3 条线路应用，年平均综合节电率约 3%，且具有较好的推广性。南京地铁各线皆可依据该技术算法及优化方法，编制节能运行图。以南京地铁 12 条线进行测算，每年可以为企业节约电耗支出约 800 万元，一次性投入约 600 万元，优化后终身受益。

（二）智慧照明

智慧照明是在 LED 照明的基础上对灯具增加智能化控制芯片，通过物联网技术，将灯与灯进行互联，自动感知客流变化与环境光线，组合形成最优车站整体照明模式，适应不同工况下的照明需求，让能源的使用更加智能高效。2018 年，南京地铁率先在地铁 3 号线开展智慧照明研究与应用，并于当年 7 月底通过了住房和城乡建设部的"绿色照明科技示范工程"验收，住房和城乡建设部建筑节能与科技司组织专家现场验收，一致认为：该项目基于物联网技术，研发抗拥塞网络协议，实现了低延时、自组织、大规模、无感无极调光控制，综合节电率达 75% 以上，创新实现轨道交通照明智慧节能，具有很好的行业应用推广前景。早在 2020 年，智慧照明已推广到南京地铁 3 号线、4 号线等多条线路应用，节能效果符合预期。其中宏运大道站"智慧照明"改造项目于 2018 年 7 月底通过了住房和城乡建设部的"绿色照明科技示范工程"验收。

智慧照明系统与传统照明相比有四个创新点。

一是无级调光，无感节能。每盏灯都可以进行无级调光。通过内置集成的 LED 亮度控制模块，可以无级调节通过 LED 芯片的电流，从而使整灯亮度在 0~100% 范围内可调节。与传统的节能方式相比，智慧照明可以在不关一盏灯的前提下降低车站整体照度，布光均匀，让乘客觉察不到车站进行了节能。均匀的光线保证了车站内艺术品的观赏性，保证了车站主题化装修的整体效果实现。美观的环境提升了车站服务，给乘客带来良好的感受。

二是单灯控制，精细管理。车站管理人员通过遥控器等方式，可以不受回路限制，自由选择某盏或某组照明进行关闭或调光，满足了车站最精细的管理需求。针对乘客的照明类投诉响应非常及时，可以完全按照乘客要求对某盏或某组照明进行调整，直至乘客满意。在解决投诉问题的同时也减少了重复投诉，使整体投诉数量下降。单灯可单独进行时间控制、环境照度控制，在精细化管理的基础上，实现智慧化；单灯自动识别时间和环境照度，作出正确响应，减少管理工作量。

三是无线组网，改造方便。智慧照明节能率高，在平均照度相等的前提下，比传统日光灯管节能 75% 以上，比普通 LED 灯管节能也超过 50%。每盏灯集成无线组网模块，灯灯相连自动组网，不需要网络布线，只需要更换照明灯管，应用方便，同时也减少了因有线控制带来的设计、材料、施工成本。

四是"物联网+智慧照明"。每盏灯都具有单独智慧，单灯可集成多种传感器，例如，定时、光线感知、物体探测等，每盏灯可以根据自身所处环境与运行要求判断采取的亮暗模式。多盏灯互联成网后形成集体智慧。典型的应用是前灯感知到物体，通知后灯开启。每盏灯既是执行者又是控制者。这样组成的网络没有控制中枢，去中心化特点明显。单灯感知到环境的改变，通知整组灯改变运行模式，例如，智慧照明系统的应急模式，只要对网络中的任意一盏灯下达指令，所有灯都会响应并执行。

选取不同客流强度的三个车站进行节电率测试，测试时对站内所有照明回路新装电能表（每站约 50 只表）进行计量，并分类统计。相比传统荧光灯管，三个车站综合节能率最低为 83%，最高为 88%，其中，站厅照明节电率相对较高，通道照明节电率较低。节电率虽与客流呈负相关，客流越大，节电率越低，但因客流的潮汐规律，节电率随客流变化的下降并不明显。

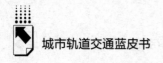

（三）基地屋面光伏发电

运营公司积极响应国家"双碳"政策，推动新能源建设工作，并决定以光伏发电作为切入点。通过多次组织技术交流、方案研讨，最终确定采取以"屋面出租、就地消纳、余电上网"的方式启动灵山大厦及大厂东、桥林等四个基地的混凝土屋面光伏发电项目。

目前该项目招商方案落地，最终以出租单价每平方米每年 10 元的价格签订了 20 年屋面出租协议。按照预计光伏开发面积 38577 平方米计算，全部收益将达到 807 万元。

光伏电站建成后，总装机容量 3.3 兆瓦，平均每年可为电网提供 311.41 万千瓦·时电量，与相同发电量的火电相比，相当于每年可节约标准煤 942.12 吨，同时每年可减少多种大气污染物的排放，其中包括减少二氧化碳、二氧化硫、氮氧化物等。

四　以科技创新为手段，展望绿色运营前景

一是搜集政策资源，加强技术交流，从政策层面上将好的经验和成熟做法不断系统化、规范化，既突出导向性，又突出实用性，更突出可操作性。

二是促进创新资源的整合，推进产学研的紧密结合，发挥企业、高校与科研院所创新资源优势，形成共同推进创新的合力。

三是按照智能规划、绿色规划，推进智能系统建设。破除急功近利的思想束缚，以长远的眼光制订打造企业的规划，塑造创新精

神，将自主创新视为企业的生命线，瞄准行业前沿尖端科技，强化新产品、新技术引用，促进企业技术能力提升，培育企业持久的生命力和竞争力。

四是加快推进"南京地铁智慧与绿色运营规划研究"，指导南京运营智慧、绿色可持续发展。

五　结语

地铁绿色化与智慧化发展是城市可持续发展的重要一环，也是国家"双碳"战略实施的必要保障。南京地铁运营以"绿智融合"为核心，规划绿色城轨路径；以能源管理为抓手，制定绿色发展举措；以节能降耗为目标，多维开展绿色实践。多措并举，已取得丰硕成果。未来，南京地铁运营将以《南京地铁绿色城轨发展行动方案》为行动指南，深入开展节能管理工作，持续推进科技创新，全面完成南京地铁运营的绿色转型升级，推动南京市轨道交通绿色化、智慧型高质量发展，成为全行业绿色智慧城轨运营的先行者与引领者。

B.11

地铁车站通风空调系统
节能关键问题分析

杨 卓 李晓锋*

摘 要： 中国城市轨道交通发展迅速，有必要对影响地铁车站通风空调节能的关键因素进行分析和总结，从而更加高效地指导通风空调系统的设计与运行。本文综合了地铁车站通风空调系统节能设计、调试、测试评估及运行优化的经验及相关行业发展动态，从能耗模型应用、空调负荷计算、冷源设备选型方法、屏蔽门气密性检测、新风设计与运行方案、节能控制方案等方面，总结了影响地铁车站通风空调系统能耗的关键问题并提出了有针对性的解决方案或建议，以期对我国城市轨道交通通风空调系统节能低碳发展有所帮助。

关键词： 地铁车站 通风空调 节能

---

* 杨卓，工程师，北京清华同衡规划设计研究院有限公司城市建筑与能源研究所项目总监，长期从事地铁热环境及环控系统节能研究；李晓锋，工学博士，副教授，博士生导师，清华大学建筑学院建筑环境与设备研究所实验室主任，长期从事地铁热环境及环控系统节能研究。

一　地铁系统发展及用能现状

据中国城市轨道交通协会统计，"十三五"期间，中国城市轨道交通发展迅速，累计新增运营线路 4351.7 公里，年均增长率 17.1%；累计完成客运量 969.4 亿人次，年均客运量 194 亿人次，比"十二五"期间增长 83%，创历史新高。其中，地铁系统是主要的制式。截至 2022 年底，中国大陆已有 41 座城市开通地铁，运营总里程长达 8008 公里，占城市轨道交通运行总里程的77.8%。[①]

随着地铁建设规模的不断扩大，其节能运营也引发了越来越多的关注。据统计，2020 年城市轨道交通总用电量达 172 亿千瓦·时，同比增长 12.9%，其中车站能耗 88.4 亿千瓦·时。北、上、广等超大城市，城市轨道交通系统用电量占城市总用电量的比重超过 1.5%，其轨道交通公司也成为城市用电量最大的单位（见图 1）。

地铁系统的主要用电设备构成如图 2 所示，其能源消耗主要包括牵引用电与动力和照明用电，两个系统各占总用电量的一半左右。牵引用电系统的电能消耗主要为电客车的运行牵引电耗，主要与行车间隔、载客量、线路坡度、运营速度和运营时间等因素有关，其主要节能措施是列车制动再生能利用。动力和照明用电即地铁车站用能，其中通风空调、照明和电扶梯约占总能耗的 80%，是需要进行节能考虑的主要用能设施。

---

① 中国城市轨道交通协会。

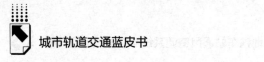
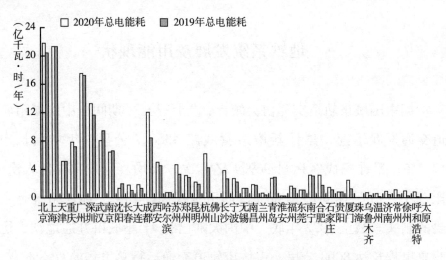

图1 2020年和2019年各城市轨道交通总电能耗

资料来源：中国城市轨道交通协会统计数据。

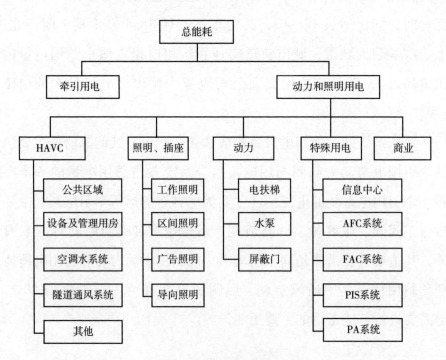

图2 地铁系统用电结构

在地铁车站用能中，非通风空调的电耗相对稳定，通风空调电耗变化很大，且占比最高，为54%~71%。在对大量实际地铁运行能耗数据的调研中可以发现，同一地铁线路不同车站的通风空调能耗横向比较，能耗差异巨大。分析产生这一现象的原因发现，地铁站规模较小（公共区域总面积一般在3000平方米左右）、数量较多、在城市中分布较为分散，导致经常因运行管理不到位而导致通风空调系统能源浪费，比如夏季站内温度控制偏低、机械新风供应过量、设备系统能效过低等。因此，有必要研究能耗模型以分析节能关键影响因素，更加高效地指导通风空调系统的设计与运行（见图3）。

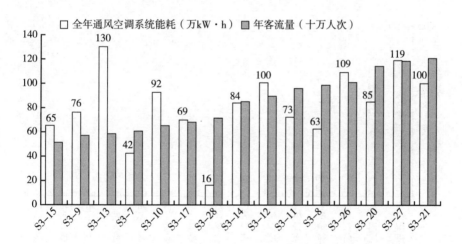

图3　某线路各标准站全年通风空调系统能耗与年客流量

资料来源：根据调研整理。

二　地铁车站通风空调能耗指标

影响地铁车站通风空调能耗的主要因素有64个，包括建筑信息、设备参数、客流情况、站内环境参数等，计算能耗需要的输入参数复杂，现场调研和数据收集工作量大。为了满足实际工程应用的需要，基于敏感性分析，找出了对模型结果影响程度超过1%的15个输入参数，可以分为如下三类：气候条件、服务强度、运行管理。采用这15个输入参数的简化模型的均方根误差变异系数为7.6%，满足工程应用的要求，同时大大减少了模型的输入参数个数，减少了现场调研和数据收集的工作量，将能耗模型在全国不同气候区各城市地下车站中进行大规模应用成为可能（见图4）。

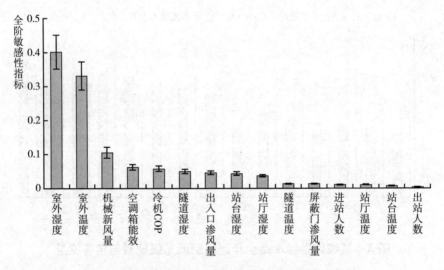

图4 地铁站通风空调能耗模型敏感性分析结果

通过对中国大陆已开通和正在建设地铁的城市开展模拟计算，得到各气候区的地铁车站通风空调系统合理能耗的约束值和引导值，分别对应及格线和优秀线，可用于各气候区地铁车站节能运行的对标。

模拟结果显示，寒冷地区、夏热冬冷地区、夏热冬暖地区的地铁站通风空调年能耗约束值平均值分别为 38 万 kW·h、58 万 kW·h 和 75 万 kW·h，引导值平均值分别为 27 万 kW·h、38 万 kW·h 和 47 万 kW·h（见图 5）。

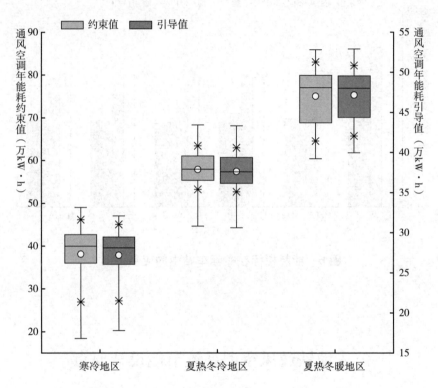

图 5　各气候区合理能耗箱线图

将能耗指标在夏热冬冷地区某线路的 6 座实际车站中进行应用。2018 年该线路的 6 座车站中有 2 座车站通风空调能耗高于约束值，4 座车站介于约束值与引导值，没有车站低于引导值。2019 年对该线路地铁车站通风空调系统运行进行了优化管理，能耗较 2018 年明显下降，各站年节能量在 13%～46%。2019 年该线路的全部 6 座车站通风空调能耗低于约束值，其中 4 座车站介于约束值与引导值，2 座车站低于引导值。这一工作很好地表明了用能耗指标进行管理的有效性（见图 6）。

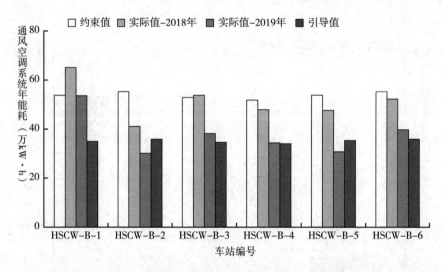

图 6　能耗指标在实际车站中的应用案例

三　地铁通风空调系统节能设计要点

（一）为什么设计负荷偏大在运行过程中会成为"灾难"？

地铁车站在实际运行中存在设备能效普遍偏低现象，经过大量现场实测后，从设计角度来看，其最主要的原因是设计负荷偏大，导致设备选型严重偏大。如图 7 所示，通过对某车站的负荷实测分析发现，远期设计负荷比模拟计算值高，且与冷机选型差距较大。

另外，初期实测负荷远小于远期设计负荷，会进一步导致初期运行冷机负载率偏低。

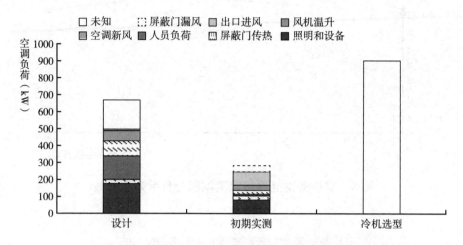

图7 地铁车站空调系统的设计负荷与实际负荷

在做设计选型的时候，往往并不会觉得小冷负荷下运行会导致冷机运行低效问题。这是由于冷水机组在按照国标标准 IPLV 的检测工况进行检测，在 50% 甚至 25% 负荷率时往往表现出特别好的能效水平，如图8所示。国家标准要求的 IPLV 工况，其冷却水回水温度是随负荷率变化的，这从冷机性能测试的角度是完全没有问题的。但设计负荷取值偏大意味着实际运行时相同冷却水回水温度下，冷水机组的负荷率更低。在相同冷却水回水温度条件下，哪怕是部分负荷性能公认最优秀的磁悬浮冷机，其性能表现也通常是随着冷机负荷率的下降，50% 以下更是呈现单调递减的特点，如图8所示。因此在冷水机组的性能检测报告中，50% 和 25% 负荷率时冷机性能很优秀，但是实际运行其实测能效总是严重偏离预期。

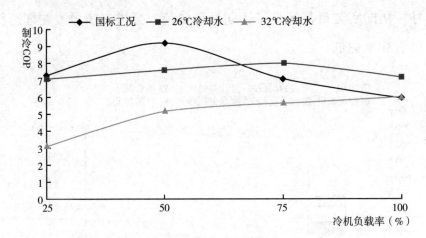

图8 某型号磁悬浮冷机实测部分负荷效率曲线

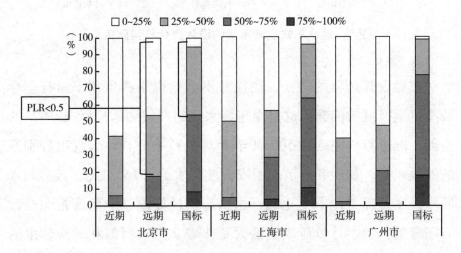

图9 地铁车站冷机运行负载率

针对上述问题，解决方案有两个：一是尽可能优化设计选型，在合理范围内，降低设计负荷的冗余部分，避免造成过大的设备选型；二是选用在低负荷率下，仍能够实现高效运行的冷机方案。在实际项目操作中，二者并不矛盾，应双管齐下。

（二）从多个方面提高设计负荷计算的准确性

根据对华北某地铁通风空调系统的优化设计结果，优化后的设计负荷降低约56%（原设计523kW，优化后229kW），优化后的负荷在实测过程中，仍能够满足其实际运行的需要。其主要优化是几个方面。①调整计算方法。通过计算远期夏季典型日车站逐时空调负荷来确定最大负荷，而不是将各部分负荷的最大值简单相加得到。②采用模拟数据代替设计经验取值。如出入口渗风量、隧道温度等采用模拟数据替代经验数据。③采用实测数据代替设计经验取值。如广告灯箱负荷、电梯负荷等设备发热产生负荷采用已建成标准站统计值（见图10）。

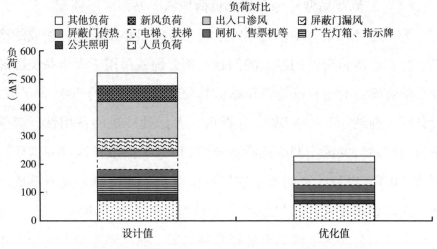

图10　某地铁站空调负荷当前设计值与优化设计值

（三）选用低负载率时能效高的冷源方案

1. 传统冷水机组方案

对于国内的标准地铁车站，其普遍的冷源配置方案是选择两台

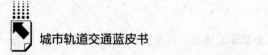

型号相同的定频水冷螺杆机组同时作为公共区空调和设备区空调冷源。定频水冷螺杆机组属于非常成熟的冷水机组产品，主流产品的制冷量覆盖了约 60~600RT。实际应用过程中存在的主要问题如下。

（1）部分负荷效率较低

由于定频水冷螺杆机组通常采用滑阀来实现制冷量的调节，在低部分负荷工况下，冷机效率存在非常明显衰减。而按远期设计近期运行、过于保守的设计负荷安全系数、夜间仅运行小系统等原因，导致实际运行过程中螺杆式冷水机组处于低负载率状态属于常态。

（2）主流产品型号与部分低负荷地铁车站需求不匹配

为了避免白天大小系统同时运行、夜间仅小系统运行造成的冷机实际运行冷负荷范围过大的问题，部分地铁采用了大小系统冷源分设的方案。对于标准地铁车站，其公区设计负荷约 300~500kW，设备区负荷约 150~300kW。分拆后，考虑到冷机的备用性，对于小负荷车站公共区空调冷机需要选到约 40RT 而设备区空调需要选到约 20RT。设备区空调多采用风冷多联机作为冷源，选型不成问题，而定频螺杆式冷水机组的主流机型普遍大于 60RT，因此，小负荷车站的公共区空调如果选择常规方案，在冷源选型上就会存在一定困难。

针对上述问题建议采取的措施包括：①对于大小系统合设的车站，优先考虑选用变频螺杆式冷水机组、磁悬浮冷水机组等部分负荷性能更高的冷机，同时可以通过大小冷机的合理搭配，来实现运行阶段长期高负载率运行；②对于大小系统分设的车站，若公共区设计冷负荷大于 700kW，可以选择高效变频磁悬浮式冷水机组，若公共区设计冷负荷大于 450kW，可以考虑选择高效变频螺杆式冷水机组，若公共区设计冷负荷小于 450kW，则可以考虑采用高性能的涡旋式模块化冷水机组；③鼓励相关主机厂家开发更适合地铁车站负荷特点（大部分长期处于低负荷工况）的冷水机组，开发低负荷工况更加高效的变频螺杆或涡旋式模块化机组。

2. 水冷直接制冷机组方案

水冷直接制冷机组方案是将组合式空调机组的表冷器与制冷系统的蒸发器合并，去掉整个冷冻水系统，并且把压缩机和冷凝器整合到组合式空调机组中。水冷直接制冷机组广泛应用于工厂、礼堂、小型会展类建筑，其优势是去掉冷冻水系统，减少了一次换热，可以适当提高冷机蒸发温度，提高制冷能效。同时采用更紧凑的设计，可以节约一部分机房面积。其主要问题如下。

（1）部分负荷效率较低

将地铁车站大小端的组合式空调机组直接置换成水冷直接制冷机组后，两台机组需要同时开启，导致相较于传统采用冷水机组的设计方案，其单台机组负载率更低。而经调研无论是磁悬浮压缩机还是螺杆压缩机，在 32℃ 左右的冷却水回水温度条件下，均不能实现 40% 负载率以下长期稳定、高效运行。

（2）部分压缩机种类回油设计难度大

对于采用螺杆式压缩机或涡旋压缩机的直接制冷机组，大面积的翅片式蒸发表冷器相较于相同换热量的管壳式换热器在制冷剂匀流和压缩机回油等方面的设计难度均增大。特别是长期运行在低负载率下的压缩机回油问题，现在国内普遍缺乏相关研究。

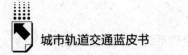

（3）主流产品型号与部分低负荷地铁车站需求不匹配

经调研，目前磁悬浮水冷直接制冷机组的主流型号可以覆盖80~120RT，而60~80RT的变频螺杆式水冷直接制冷机组、小于60RT的高效涡旋式水冷直接制冷机组仅有个别厂家有成熟型号，这些因素给方案在实际工程中大规模推广带来了很大限制。

针对上述水冷直接制冷机组特有问题，建议采取的措施如下。

①更应优先考虑采用磁悬浮压缩机或变频螺杆等部分负荷性能更优秀的压缩机类型，提高低负荷下的冷机效率。

②设计选型时综合比较冷量范围、初投资、部分负荷能效等，优先选用不需要润滑油的磁悬浮压缩机。同时对于有润滑油的变频螺杆/涡旋类水冷直接制冷机组，积极推动试点工作，对其长期的回油情况进行评估和设计优化。

③鼓励相关主机厂家加快开发40~80RT冷量高效运行的水冷直接制冷机组用于地铁车站公共区。同时结合地铁车站初近期负荷低的特点，研发高冷却水回水温度条件下，30%~50%负载率仍能够高效稳定运行的水冷直接制冷机组。

3. 蒸发冷凝式冷水机组方案

蒸发冷凝式冷水机组方案是将冷却塔的散热器与制冷系统的冷凝器合并，去掉整个冷却水系统，并且把压缩机、蒸发器与蒸发式冷凝器等主要设备进行集成式整合设计，替代传统冷却塔。蒸发冷凝式冷水机组过去主要应用于工厂类建筑。其优势是去掉冷却水系统，减少了冷却侧的一次换热，如果换热器设计优秀，可以降低冷凝温度、提高制冷能效。部分地铁项目将蒸发冷凝式冷水机组置于通风井中，利用车站排风或专用排风扇带走冷凝侧的热量，实现了将冷却塔"隐藏"起来的功能。从实际蒸发冷凝式冷水机组运行情况的测试结果来看，存在的主要问题如下。

①排风机能耗问题。车站内排风的换热量一般不足以排走蒸发冷凝器产生的巨大热/湿量，因此，需要专用通风风机来把该部分热/湿量排走。但是严格来讲，该问题不属于蒸发冷凝机组的问题，而是需要把冷却塔"隐藏"起来所需要付出的代价。

②蒸发冷凝机组表面结垢问题。冷凝侧的冷却水蒸发导致本身离子浓度不断增加，冷却水的硬度、碱度不断升高，整个蒸发冷凝装置易结垢。蒸发冷凝式冷水机组特别是放置在地下的机型其冷凝器的结垢处理难度要远远大于冷却塔填料。过去一些地铁项目的蒸发冷凝机组随着使用时间增加出现了严重的冷凝器结垢问题。

③蒸发冷凝器利用效率问题。由于蒸发冷凝机组的蒸发冷凝器和冷机是一一对应的，因此现场蒸发冷凝机组开启台数小于安装台数时，未运行的蒸发冷凝装置实际造成了换热面积的闲置。这导致在很多工况下，蒸发冷凝机组的冷凝温度相较于传统采用冷却塔方案的一机多塔模式并不具备优势，冷机效率并未明显提高。

④部分负荷低效率问题、冷冻水泵拉低能效、主流产品型号与小负荷车站不匹配问题等，同其他类型冷水机组。

针对上述蒸发冷凝机组特有问题，建议采取的措施包括如下几个。

①对于目的是没有地方布置冷却塔的项目，可优先考虑采用地下或半地下的隐藏冷却塔。因为冷却塔填料相较于蒸发冷凝机组的蒸发冷凝器价格更低，可以用更大面积的填料来实现高效的换热。该方案还可实现一机对多塔运行模式，在部分负荷工况下，冷却塔

换热面积可以远大于蒸发冷凝机组。同时冷却塔填料本身还具备廉价、易清洗和易更换的特点。

②对于已投入运行的蒸发冷凝机组，建议重视冷却水的水质处理，适当降低冷却水的浓缩倍数，同时通过加入足量除垢剂和缓蚀剂，减少蒸发冷凝器结垢。同时建议相关厂家就蒸发冷凝器的结垢进行更深入的研究，从结构设计、材质选择上寻找更优的方案。

4. 冷机选型与高频负荷匹配

国内的标准地铁车站普遍的冷源配置方案是选择两台型号相同的定频水冷螺杆机组。鉴于水冷螺杆机组负载率50%以下时COP显著下降，有三种冷机选型思路可供借鉴。

第一种思路是选择多机头的模块化高效涡旋机组。由于模块化涡旋机组通常采用多机头设计，在实际运行过程中，模块化冷机自身通过运行机头数量调节，来适应负荷的变化。对于绝大部分低负荷运行工况，从单个压缩机机头来看，其压缩机转速、压比相较于满载工况差异不大，因此压缩机电机效率衰减并不明显，最终整机更容易一直保持在一个相对稳定的COP。从图11中可以直观地看到，螺杆式冷机在应对实际变化的负荷时性能波动范围很大，而模块化冷机的性能则相对稳定地运行在一个高效区间。但是该方案选择的前提是模块化机组单个压缩机机头对应的制冷系统的优化是足够的，机组的额定工况COP达到较高的水平，如5.2以上。

第二种思路是第一种思路的衍生品，结合全年逐时负荷做精细化分析，根据不同负荷出现频次，采用大配小的方式配置多台冷水机组。当采用如两大一小的配置时，在实际运行过程中，通过合理调整冷机开启台数，就可以很好地实现冷机的高负载运行。但从上述要求可以

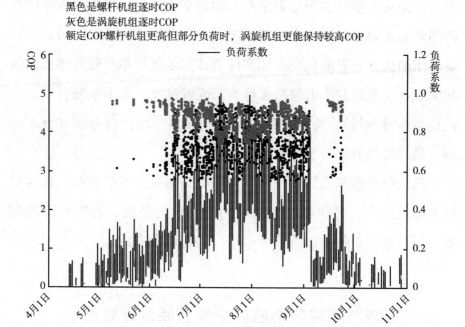

图 11　某地铁站两种冷机的逐时 COP 比较

看到，该衍生思路：①对负荷计算的要求较高，需要能够相对准确地分析不同负荷率出现的频次；②对冷站群控系统的控制水平要求较高，需要通过合理的冷机开启台数调配提高运行负载率；③车站本身的设计负荷不能过小，否则难以选择到合适的 3 台及以上高效冷水机组。

第三种思路是选择磁悬浮压缩机。由于磁悬浮压缩机基本上采用调节压缩机转速的方式来调节制冷剂流量实现制冷量的调节，且由于高速旋转的轴承悬浮，无摩擦力，因此在冷却水温度相同的部分负荷工况下，冷机性能虽然也呈现随负荷率降低单调递减的趋势，但衰减幅度要远小于通过滑阀调节的螺杆机组或者通过导叶调节的离心机组。因此磁悬浮冷水机组可以很好地应对大部分负荷工况。但是从大量的实测结果来看，即使是磁悬浮压缩机，也难以在冷却水回水温度较高的小负荷工况长期高效、稳定运行。因此，磁悬浮压缩机并非万能良药，如实际负荷需求低于单台磁悬浮机组的40%出力（典型的情况包括设计负荷配置过大、大小系统合用、夜间仅小系统运行），冷水机组为了避免喘振，往往会旁通部分制冷剂，最终冷机处于一个低效运行状态。

从三种思路来看，并没有一个完美的解决方案。因此，在冷机的方案选择上，必须要结合项目的实际负荷情况、自控系统的配置、运营管理单位的运营管理水平，进行综合考虑。

四　地铁车站通风空调节能运行要点

（一）有效控制无组织渗风量

根据调研结果，当前多数地铁车站屏蔽门气密性差，导致出入口和屏蔽门的无组织渗风量过大，带来大量的无组织渗风负荷。模拟发现，对于运营近期的地铁车站，出入口渗风量足够人员的新风需求，不需要补充机械新风。对于运营远期的地铁车站，早晚高峰需要补充少量机械新风，其他时段不需要补充机械新风（见图12、图13）。

研究表明，地铁车站出入口和屏蔽门处均存在大量渗风，但风量受多种因素影响，包括屏蔽门气密性、隧道长度、发车对数、站台两侧到站间隔等，变化范围很大。图12、图13模拟结果表明，屏蔽门车站无组织渗风量为 1.4 万~4.8 万 m^3/h，一般站新风需求

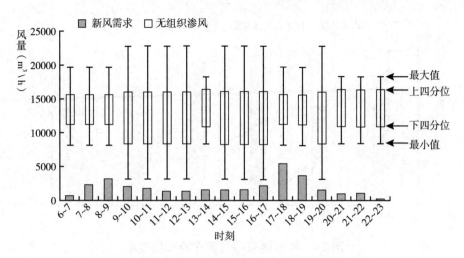

图 12　地铁车站运行近期无组织渗风量模拟结果

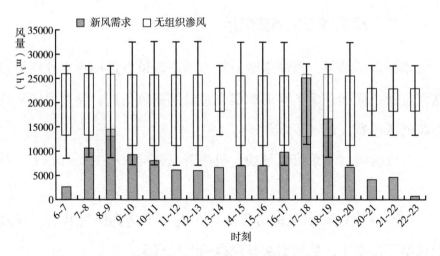

图 13　地铁车站运行远期无组织渗风量模拟结果

1 万~1.5 万 m³/h, 换乘站可到 2 万~2.5 万 m³/h。图 14 以夏热冬冷地区某大城市一条地铁线路为例, 进行模拟分析可以发现, 如果加强屏蔽门气密性, 将渗风量降至人员新风需求, 各站节能量每年约 3 万~14 万 kW·h, 有 5%~19% 的节能潜力。

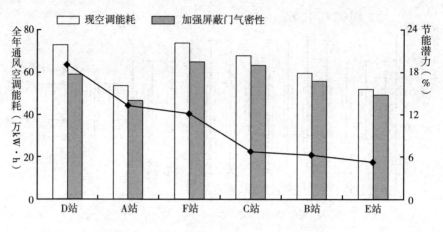

图14　加强屏蔽门气密性的节能效果

（二）尽量降低机械新风量

根据调研结果，当前多数地铁车站小新风空调模式下存在机械新风过量供应的现象，空调季引入过量的新风负荷，导致通风空调系统能源浪费。

从现场测试结果可以发现，机械新风过量供应主要有如下几种原因。

（1）送风机和回风机实际运行工况很难达到匹配状态，导致混风室不是零压，从而引起新风阀的漏风现象。

（2）如图15所示，全新风阀有总长20m的缝隙，即使平均5mm缝隙宽度在100Pa压差时会产生1.0万 m^3/h 的漏风量。

（3）如图16所示，由于这么多缝隙的存在，实测中会出现，当关闭新风阀时系统中仍有大量新风；开启新风阀时，由于混风室内部的压力存在，新风量远大于设计新风量。

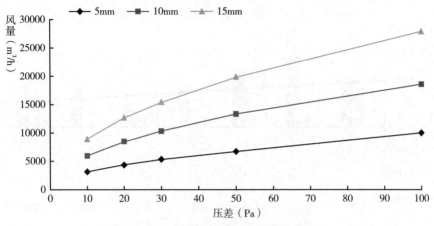

图 15　新风阀开度与风量关系

图 16　地铁站新风阀

建议空调季取消机械新风供应，理论计算得到车站节能量每年约为 1 万 ~ 15 万 kW·h，有 3% ~ 23% 的节能潜力。夏热冬冷地区某大型城市地铁系统实践了这一节能措施，每天早高峰过后地铁空

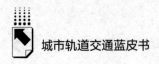

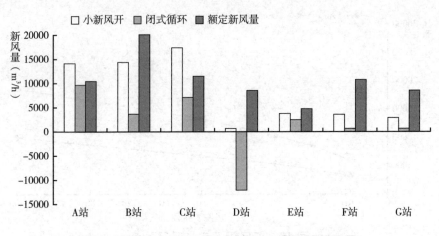

图17　地铁车站不同运行情况下的机械新风量

调系统执行新风阀和排风阀关闭的节能措施，经电量分析显示，冷水机组能耗下降16%~20%（见图18）。

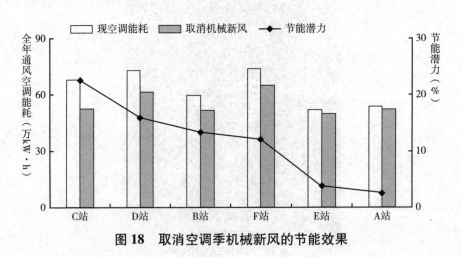

图18　取消空调季机械新风的节能效果

（三）提高空调季站厅、站台控制温度

根据调研结果，当前多数地铁车站站内温度普遍低于《地铁

设计规范》中要求的站厅层温度不高于 30℃；站台层温度不高于 28/29℃。地铁车站控制温度显著低于设计温度。模拟计算得到，合理控制站厅站台温度对地铁车站环控系统节能意义重大，如图 19 所示，典型车站控制站厅温度至 28℃、站台温度至 27℃，空调季能耗下降，最大节能量每年 16.3 万 kW·h，理论分析节能潜力 24%。

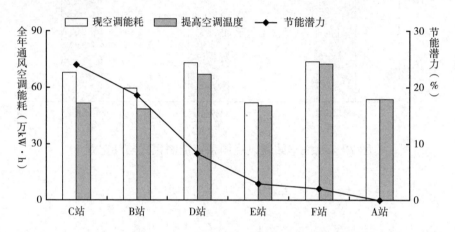

图 19　提高站厅、站台空调控制温度的节能效果

地铁车站控制温度显著低于设计温度的原因如下。

①设备选型过大，导致超过一半的工况下设备负荷不足 25%，此时需要降低设备运行频率，但受限于风机频率和水阀开度的下限，按照下限运行仍会导致过量供冷。

②大量地铁采用模式控制，冷机出水温度，末端水阀、风机频率等未能实现按负荷需求的灵活控制，实际运行下站台、站厅温度较控制目标低，能耗浪费严重。

③少量地铁采用反馈控制，但是实际运行中温度振荡严重（站台温度 25~28℃，站厅温度 26.5~29.5℃），无法保持较好的稳

定状态，原因是地铁车站负荷变化剧烈，反馈控制跟不上，过量供冷严重。

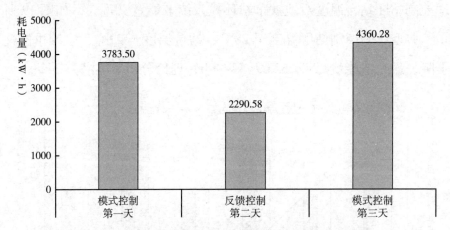

图20 地铁车站通风空调系统控制模式与耗电量

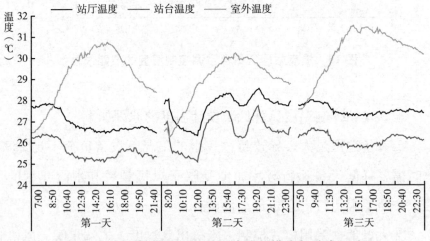

图21 地铁车站通风空调系统控制模式与站内温度

建议采用前馈思路，优化控制策略思路如下：通过模拟计算得到公共区逐时负荷；通过控制冷机制冷量输出来匹配逐时负荷；通过调节空调箱水阀的开度来控制恒定的送风温度18℃；优先调节送风机频率来控制逐时供冷量；当送风机频率低于 25HZ 时，通过关小空调箱水阀来提高送风温度。

将优化控制策略在实际车站实施，验证其运行效果。在室外温度高于反馈控制 1℃ 的情况下，基于负荷预测的前馈控制模式下，该车站公共区通风空调机组日耗电量降低了 384.14kW·h，节能率为 16.7%。

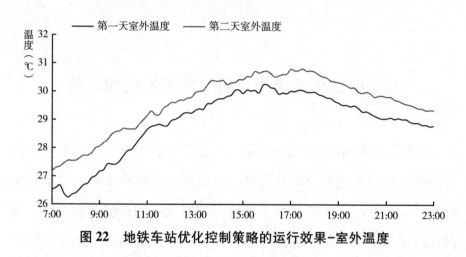

图 22 地铁车站优化控制策略的运行效果−室外温度

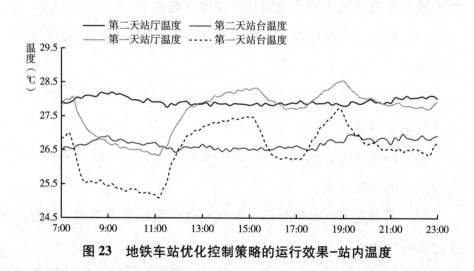

图 23 地铁车站优化控制策略的运行效果−站内温度

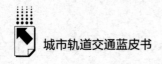

表1　地铁车站优化控制策略的运行效果-系统能耗

单位：kW·h

	冷水机组耗电量	送风机耗电量	公共区通风空调系统耗电量
第一天：反馈控制	1291.2	418.6	2290.58
第二天：优化控制	1179.2	194.6	1906.44

五　地铁车站通风空调节能关键问题小结

中国城市轨道交通发展迅速，有必要对影响地铁车站通风空调节能的关键因素进行分析和总结，从而更加高效地指导通风空调系统的设计与运行。本文综合了地铁车站通风空调系统节能设计、调试、测试评估及运行优化的经验及相关行业发展动态，梳理总结了影响地铁车站通风空调系统能耗的关键问题如下。

（1）通过简化能耗模型，实现在实际工作中用能耗指标指导节能管理。

（2）通过模拟、实测等多种方法提高空调负荷计算准确性，合理选择设备容量。

（3）拓宽思路，跳出定频螺杆的常规方案，选用低负荷率、能高效运行的冷机方案。

（4）通过逐步完善屏蔽门安装气密性检测标准等方式，以提高车站实际气密性。

（5）绝大多数车站仅依靠无组织渗风即可满足人员的新风需

求，建议取消机械新风供应，仅在运行到达远期工况的屏蔽门地铁车站客流高峰时段，CO_2浓度超标时开启机械新风。

（6）推广应用基于负荷预测的前馈控制方案，避免过量供冷，有效提高站台、站厅控制温度。

B.12
城市公共交通碳排放驱动因素及减碳效益分析

李振宇 *

摘　要： 城市公共交通是城市交通领域最节能低碳的机动化出行方式，具有高效、集约、低碳的比较优势，有利于减少小汽车的出行量和碳排放，是实现城市交通绿色低碳发展的必由之路。本文首先介绍了国家和行业碳达峰碳中和政策对城市公共交通的发展要求，简述了我国城市公共交通发展取得的主要成效，分析了城市公共交通减碳的主要驱动因素——公交方式、车辆技术和出行结构，介绍了城市公共交通碳排放评估的主要方法，预测了城市公共交通的出行量和碳排放强度变化，利用"自下而上法"测算了城市公共交通发展产生的减碳效益。

关键词： 公共交通　城市交通　二氧化碳　减碳效益

一 "双碳"目标下城市公共交通的发展要求

在全球碳中和背景下，我国已经出台了"1+N"碳达峰碳中和政策，政策体系正在逐步完善。与此同时，能源绿色低碳转型、交通运输绿色低碳等十大专项行动已正式启动，标志着交通运输行业已迈入推进实施"双碳"目标的新阶段。自然资源保护协会的资料显示，人类的二氧化碳排放活动主要集中在城市区域，产生了约70%的碳排放。因此，城市已成为实施碳中和发展战略及可持续发展的主战场。城市交通是城市发展的重要基础，支撑着城市社会经济的日常运转，因此，城市交通深度减排及绿色低碳转型是未来发展的必然趋势，城市公共交通的属性和特点决定了其必须承担的重要使命。

为落实国家"双碳"目标，2022年6月，交通运输部等四部门印发贯彻落实《中共中央国务院关于完整准确全面贯彻新发展理念做好碳达峰碳中和工作的意见》的实施意见，明确了交通行业实施"双碳"目标的总体要求、保障措施等，提出优化交通运输结构、推广节能低碳型交通工具、积极引导低碳出行和增强交通运输绿色转型新动能四大重点任务。"积极引导低碳出行"具体是指优先发展公共交通，全面推进国家公交都市建设，完善城市公共交通服务网络，大力提升公共交通服务品质等，这对城市公共交通的发展提出了高标准、高要求。

近年来，随着我国城市公交优先战略的实施、国家公交都市建设示范工程的推进等，我国城市公共交通服务水平快速提升，每年承担着数百亿人次的客运量，是世界上最大的城市公共交通体系，但总碳排放量却很低，不足城市交通总碳排放的2.0%，为城市交通减碳作出了巨大贡献。主要原因包括如下几点。一是电动化水平较高，公共汽车的电动化比例超过70%，城市轨道交通快速发展，因此大大减少了碳排放。二是城市公交方式的碳排放强度很低，提升公共交通比例可减少大量的小汽车出行，不断优化交通出行结构，也达到较好的减碳效果。公交智能化和多元化发展，提升了其运行效率，又进一步产生了减碳效益。因此，优先发展城市公共交通是实现"以人为本"及城市交通绿色低碳转型的必由之路。2021年12月，在召开的《联合国气候变化框架公约》第二十六次缔约方大会（COP26）上，C40城市气候领导联盟和国际运输工人联合会（ITWF）表示，实现巴黎协定目标，到2030年，城市公共交通客运量必须再翻一番。这充分说明，城市公共交通的发展水平对城市交通甚至交通行业减碳有举足轻重的影响。

二 城市公共交通发展取得的主要成效

（一）城市公共交通政策体系不断完善

2012年，《国务院关于城市优先发展公共交通的指导意见》公开发布，明确城市公共交通是为社会公众提供基本出行服务的社会公益性事业和重大民生工程。2017年，交通运输部发布了《城市公共汽车和电车客运管理规定》，规范城市公共汽车和电车客运活动，保障运营安全，提高服务质量，促进城市公共汽车和电车客运事业健康有序发展。《交通强国建设纲要》《国家综合立体交通网规划纲要》等国家和行业政策的出台明确将城市公共交通优先发展作为重要内容。国家公交都市建设示范工程的开展，有力地促进城市公共交通的快速发展，国家随之出台了《国家公交都市建设示范工程管理办法》，将公交都市建设作为一项常态化工作推进，城市公共交通行业的政策体系正在加快完善。为巩固公交都市创建成效，地方层面也出台了相关发展政策。例如，上海市印发了《关于深入践行人民城市重要理念建设更高水平公交都市示范城市的三年行动方案（2021—2023 年）》，苏州市印发了《苏州公交都市高质量发展三年行动计划（2023—2025 年）》。为促进城市公共交通高质量发展，河南省出台了《关于深入贯彻城市公共交通优先发展战略推动城市公共交通高质量发展的实施意见》。为不断提升公共交通服务水平，江苏 2015 年全面启动公交优先示范城市建设，加大了对发展城市公交的投入，先后分三批确定 12 个城市开展示范建设，取得了较好的效果。

（二）城市公共交通基础设施快速发展

截至 2022 年底，全国地面常规公交运营线路 78020 条，与 2013 年相比十年间增长了 86.9%，公交专用车道长度 19870.4 公里，与 2013 年相比十年间增长了 237.3%。全国共有 53 个城市开通运营城市轨道交通线路 292 条，运营里程 9554.6 公里，车站 5597 座，与 2013 年相比十年间分别增长了 15.2 倍、3.0 倍、1.3 倍。上海市加强轨道公交两网融合，市区近 90% 的轨

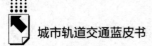

道站点周边 100 米半径范围内均有公交线路服务。近十年以来，北京、上海等地地铁建设飞速发展。截至 2023 年 8 月，北京地铁运营线路共有 27 条，运营里程 807.0 公里，车站 475 座，目前还有在建线路 11 条。上海地铁运营线路共 20 条，共设车站 508 座，运营里程共 825 公里，运营里程位居世界第一。呼和浩特市建设慢行出行环境，建成集公共洗手间、公共交通智慧候车室、阅览室、茶水吧等多种功能于一体的"青城驿站"约 300 处。

（三）城市公共交通能源结构不断优化

城市公共交通的能源类型主要包括柴油、天然气、电力、氢能等，是交通行业中电动化水平最高的子领域。在城市轨道交通领域，牵引能源消耗基本全部为电力。在地面公交领域，低碳能源车辆的比例逐年增加，能源结构不断优化。自 2009 年以来，随着国家"十城千辆节能与新能源汽车示范推广应用工程"的实施，城市公交一直是我国新能源车辆推广应用的主阵地和排头兵。到 2022 年，纯电动公交车（含无轨电车）占比已达到总车辆数的 65.5%，新能源公交车（含纯电动、混合动力和无轨电车）占比已达到总车辆数的 77.4%；柴油公交车占比已由 2016 年的 36.3% 快速下降到 8.6%（见图 1），能源结构不断优化。随着我国城市公共交通的快速发展、氢能公交车辆的技术成熟和成本下降，未来城市公共交通的能源将以纯电动和氢能为主，届时将实现整个城市公共交通领域的近零排放。

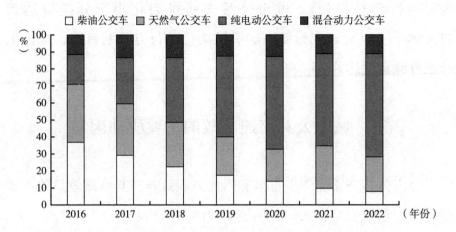

图 1　2016~2022 年城市地面公交不同能源类型的车辆结构

资料来源：《中国城市客运发展年报》（2016~2022 年）。

（四）城市公共交通服务水平快速提升

2022 年，我国城市公共交通完成客运量 546.5 亿人次，其中，城市公共汽电车客运量 353.37 亿人次，轨道交通客运量 193.1 亿人次。多元化、多样化、定制化公交服务蓬勃发展，极大地提升了公共交通服务品质。智能公交的发展，公交出行 App 的推广，提升了城市公交的可靠性、吸引力，提升了市民出行的效率。按照公交都市建设验收评估要求，全国公交都市建设示范城市的公共交通机动化出行分担率和公共交通出行乘客满意度都达到了较高的水平。据调查统计，2022 年，重庆市中心城区城市公共交通机动化出行分担率达 51.4%。长沙积极推进地面公交与轨道交通"无缝衔接"，2023 年 8 月，长沙城市公共交通机动化出行分担率达 54.19%，绿色出行服务满意率达 84.38%。根据《2022 年安阳市

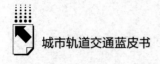

居民出行调查报告》，城市公共交通机动化出行分担率达到41.85%，公共交通成为城市居民机动化出行方式的首选，绿色出行服务满意度达到86.34%。

三　城市公共交通减碳的主要驱动因素

城市公共交通能产生直接和间接减碳效益，其减碳效益的主要驱动因素包括公交方式、车辆技术和出行结构。

（一）公交方式

城市公共交通是最低碳的机动化出行方式，其中包括公共汽电车、地铁、轻轨、有轨电车等多种方式，其能效和碳排放不仅与方式有关，而且与实载率有很大关系。在多层次、一体化的城市公共交通体系中，需要考虑城市公共交通内部结构的均衡性，同时采取各种政策措施，适度提高各种交通方式的满载率，从而降低能耗与碳排放。

经过对郑州、武汉、太原、张家口、义乌、阳泉等城市的调研，收集了2020~2022年和2023年1~5月的公交客运量、平均出行距离、能耗等数据以及一些相关的文献数据等，测算出目前各城市交通方式的平均碳排放强度（见图2）。同时，在测算中发现，受2020~2022年三年疫情影响，所有城市的轨道交通和地面公交的客运量下降，其能耗强度和碳排放强度显著上升。

不同的城市轨道交通方式能耗强度也不同，但差异不大，仍有一定的节能减碳空间。同济大学道路与交通工程教育部重点实验室

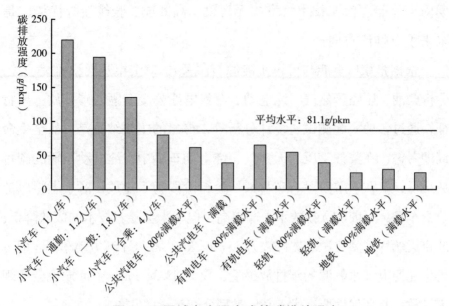

图 2　不同城市交通方式的碳排放强度

资料来源：根据调研整理。

的研究表明，在城市轨道交通方式中，地铁、轻轨、单轨的单位人公里总电耗、单位人公里牵引电耗的差异不明显。2015～2017 年，地铁、轻轨、单轨的单位人公里总电耗为 0.056～0.088kW·h，单位人公里牵引电耗为 0.034～0.042kW·h。

（二）车辆技术

城市公共交通碳排放与车辆技术发展水平密切相关。城市公共交通车辆技术主要包括节油、节气、节电等节能技术和新能源替代技术。推进车辆技术进步，可有效节约能源和减少碳排放，也是城市交通领域中最直接有效的减碳措施。在发展新能源公交车辆方面，短期内，纯电动汽车技术仍是地面公交领域的推广重点，中远期内，氢能源汽车技术将发挥无污染、高效能、长续航等优势，是未来重点推广方向。

根据张家口氢能与可再生能源有限公司2021年开展的研究项目，分析柴油、压缩天然气、纯电动、燃料电池公交车辆的碳排放主要特征，通过各项实验测试、统计分析等，得出的主要结论是：从全生命周期考虑，在柴油、压缩天然气、纯电动车辆中，纯电动车辆的碳排放最低，仅在上游阶段有碳排放，运行阶段为零排放；对于燃料电池公交车辆，目前的碳排放水平还很高，但未来会随着技术的成熟降低；北京天然气重整氢源的碳排放为354.1g/km，略低于纯电动车辆，但可再生能源电解水氢源的碳排放最低，仅为88.3g/km，中远期也会实现零排放，其环保性要远优于其他类型公交车，详见图3。

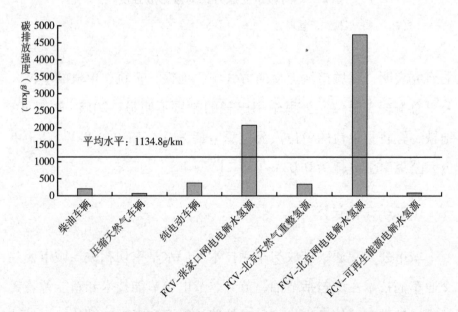

图3　城市公共交通不同交通运输工具的碳排放强度

资料来源：张家口氢能与可再生能源有限公司《以张家口为代表的寒冷地区氢燃料电池公交车应用评估及发展建议》。

（三）出行结构

在城市范围内，交通出行结构与城市交通碳排放强度密切相关。世界各国城市的发展经验表明，绿色出行比例（公交、自行车和步行的出行比例之和）越高，碳排放强度就越低，反之则相反（见图4）。既要满足日常出行需求，又要实现碳达峰目标，只有通过建立以城市公交为主体的交通出行结构才能实现。目前已实现达峰目标的国家和城市都已建成发达的城市公交系统或绿色出行系统，且达到较高的出行比例，如新加坡、巴黎、柏林、东京、香港的公交出行比例分别为75%、54%、61%、68%、90%。

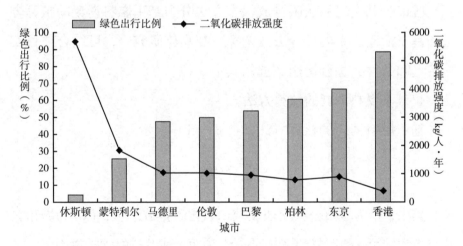

图4　绿色出行比例与碳排放强度之间的关系

通过不断完善相关政策和全国绿色出行创建行动的开展，我国城市绿色出行已有较好的发展基础，多数城市的绿色出行比例均超过70%，仍有较大的提升空间，但提升难度显著增加，公交企业的可持续发展能力亟须提升。中小城市绿色出行尚未形成稳定的发展模式，因此其近几年的发展政策措施至关重要。无论是大型以上城市还是中小型城市，未来 20~30 年，都需要加强优化交通出行结构，通过供给侧和需求侧的统筹发展，提升绿色出行服务水平，智慧赋能，创新驱动，推广公众出行 App，发展绿色出行碳普惠，为加快形成绿色低碳的生活方式积极努力。

四　城市公共交通减碳效益分析

（一）评估方法

城市公共交通领域碳排放核算方法分为基于燃料消耗的核算方法和基于活动水平的核算方法两类，在具体研究中，可结合项目实际特点和条件，综合运用或选用其中一种。

1. 基于燃料消耗的核算方法

基于燃料消耗的核算方法如公式（1）所示。

$$E = \sum_i FC_i \times C_i \tag{1}$$

其中，E 为城市公共交通领域二氧化碳排放总量；FC_i 为城市公共交通领域第 i 种燃料的消耗量；C_i 为第 i 种燃料的碳排放因子。

2. 基于活动水平的核算方法

基于活动水平的核算方法如公式（2）所示。

$$E = \sum_{i,j} TR_{ij} \times FI_{ij} \times C_i \tag{2}$$

其中，E 为城市公共交通领域二氧化碳排放总量；TR_{ij} 为城市

公共交通领域 j 类子领域使用第 i 种燃料运输装备的周转量；FI_{ij} 为城市公共交通领域 j 类子领域单位周转量第 i 种燃料的消耗量；C_i 为第 i 种燃料的碳排放因子。

上述基于活动水平的核算方法，结合城市公共交通行业的特点，可以转化为基于车辆行驶里程数据的计算方法和基于客运量的计算方法，具体如公式（3）和（4）所示。

$$E = \sum{}_{i,j} VP_{ij} \times VKT_{ij} \times FC_{ij} \times C_i \qquad (3)$$

其中，E 为城市公共交通领域二氧化碳排放总量；VP_{ij} 为第 i 种燃料类型的 j 类车辆的保有量；VKT_{ij} 为 j 类车辆年均行驶里程；FC_{ij} 为 j 类车辆第 i 种燃料的百公里燃料消耗量；C_i 为第 i 种燃料的碳排放因子。

$$E = \sum{}_{i,j} TP_{ij} \times DIS_{ij} \times FI_{ij} \times C_i \qquad (4)$$

其中，E 为城市公共交通领域二氧化碳排放总量；TP_{ij} 为第 i 种燃料类型的第 j 类车辆的客运量；DIS_{ij} 为 j 类车辆单次平均行驶里程；FI_{ij} 为城市公共交通领域 j 类子领域单位周转量第 i 种燃料的消耗量；C_i 为第 i 种燃料的碳排放因子。

综合利用上述核算方法，设定不同的发展情景，综合考虑社会经济发展、城镇人口等相关因素，利用趋势外推法等，预测未来城市公共交通的客运量，并由此测算城市公共交通发展产生的减碳效益。

（二）减碳效益

1. 预测城市公共交通出行量

根据《国家人口发展规划（2016—2030 年）》和联合国《世

界城市化展望（2018）》预测，2030 年我国城镇化率约为 70%，城镇人口增长到约 10.3 亿人；2050 年，我国城镇化率约为 80%，城镇人口增长到约 11.2 亿人。从发达国家的发展经验来看，按照城镇化进程的一般规律，城镇化率在 35%~70% 是城镇化加速增长期。我国正处于这一快速发展时期，农村富余劳动力向非农产业和城镇转移，城市人口和城镇数量急剧膨胀，走新型城镇化发展道路是城市发展的根本。

城镇人口的快速增长，必然带来城市居民出行需求总量的快速增加，按照宏观社会经济发展的情景设定预测，到 2030 年，我国城市总出行人次将达 10800 亿人次，其中公共交通、小汽车等机动车的总出行量将达 3456 亿人次，2050 年机动车的总出行量将达 4622 亿人次。以下按照我国城市公共交通客运量的发展、城市交通的出行结构现状以及国外城市的发展特征，预测了我国城市居民出行量发展趋势，详见图 5。

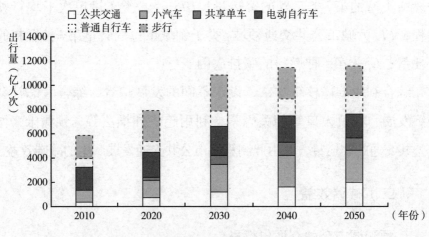

图 5　城市居民出行量发展趋势分析

2. 预测不同城市交通方式的碳排放强度

碳排放强度是衡量行业低碳发展成效的重要指标，随着城市公共交通的快速发展、各项节能减碳政策的实施，不同城市交通方式的碳排放强度将不断下降。通过对各典型城市数据的测算，结合发达国家城市的发展规律预测了不同城市交通方式的碳排放强度，2030 年、2040 年和 2050 年小汽车的碳排放强度分别为 190~200g/pkm、135~180g/pkm、80~150g/pkm；公共汽电车的碳排放强度分别为 60~70g/pkm、48~55g/pkm、40~46g/pkm。地铁和轻轨的碳排放强度很低，2030 年、2040 年和 2050 年地铁的碳排放强度分别为 28g/pkm、25g/pkm、20g/pkm，轻轨的碳排放强度分别为 36g/pkm、30g/pkm、25g/pkm。

3. 减碳效益分析

综合运用上述方法，考虑城市公共交通出行量、不同城市交通方式的碳排放强度等，分析了我国在城市公共交通出行分担率提升1%时将产生的平均减碳效益。其中，地铁和纯电动公交车辆在运营阶段按照零排放来考虑。在低碳发展情景下，2030 年、2040 年和2050 年，实现的减碳量分别为 26.6 万吨、38.2 万吨、34.4 万吨；在强化低碳发展情景下，2030 年、2040 年和 2050 年，实现的减排量分别为 30.1 万吨、44.2 万吨、41.4 万吨，比低碳发展情景下分别增加了 13.2%、15.7%、20.3%，减碳效益大幅提升。

对天津、西安、贵阳、苏州、太原和银川等市建设公交都市示范城市，测算其在建设公交都市期间平均每年产生的减碳效益。其中，地铁和纯电动公交车辆在运营阶段按照零排放来考虑，混合动力公交车辆的节油率为 20%~25%。天津、西安、贵阳、苏州、太原和银川建设公交都市城市的年减碳效益分别为 24.3 万吨、26.7 万吨、4.4 万吨、6.6 万吨、4.8 万吨、3.3 万吨，其中减碳措施主要是推广了低碳公交车辆和优化了交通出行结构。每个城市的平均减碳量约为每年 11.7 万吨，如果按照全国 100 个公交都市示范城市计算，每年的减碳量约为 1168 万吨，减碳效益十分显著。

五　结语

应围绕国家碳达峰碳中和目标、交通强国建设和公交优先发展战略部署，坚持以人为本，以低碳转型为主线，以可持续发展为目标，加快出台《城市公共交通条例》，以降本增效为重点，建立现代化的公交企业，加快建立多层次、一体化、高品质的低碳城市公共交通体系，公交能源更加低碳，出行结构更加优化，企业发展更可持续，绿色出行理念深入人心，智慧赋能，创新驱动，加快形成绿色低碳的生活模式，支撑城市交通可持续高质量发展和生态城市建设。

为建立适应国家双碳目标的城市公共交通服务体系，建议从以下几方面来加快城市公共交通的低碳发展。一是加快建立多层次、一体化的高质量城市公共交通体系，重塑公交新生态，提升城市公交运行效率和公交企业的可持续发展能力，提升城市公共交通服务的整体水平。发展以公共交通为导向的城市发展模式，促进城市集约、紧凑发展。利用"互联网+"、大数据技术，实行多元化线路经营，满足多样化的出行需求。发展智能公交系统、公众信息服务系统、出行即服务（MaaS）、自动驾驶等，加强公交数字化转型，提升城市公共交通服务的方便性、可靠性以提升吸引力和实载率。二是进一步提升城市轨道交通的节能水平。车辆牵引系统节能措施包括科学线路设计、合理控制车速、制动能量回收、优化车辆设计、加强车辆维护等；车站系统节能措施包括选用低功耗空调设备、空调智能控制系统、节能照明设备和变频电扶梯等新型低电耗设施设备；通过管理手段降低电耗，包括空调温度设置规范、人走灯灭、单向低客流时间段停机等。三是发展城市绿色出行及公交碳普惠。研究制定绿色出行的奖励政策，统筹考虑城市轨道交通、常规公交、小汽车、骑行、步行等出行方式，建立城市绿色出行碳普惠平台。积极拓展相应的场景，通过开展碳积分乘车、绿色积分兑换乘车优惠券等活动，引导公共自觉参与公交绿色出行，践行绿色出行理念。四是建立城市公共交通碳排放管理平台，建立公交企业的"碳账户"，加强碳资产管理，实现城市公共交通碳排放的可监测、可报告、可核查，建立健全"碳计量"溯源体系。

B.13
西安地铁全自动运行线路
能耗管理及绿色节能应用研究

卢剑鸿[*]

摘　要： 2023 年 10 月，西安城市轨道交通运营总里程已达 311.61 公里，线网当年累计总电耗高达 6 亿千瓦·时。16 号线一期作为西北首条全自动线路，以"绿色转型为主线，清洁能源为方向，节能降碳为重点"，智慧赋能，创新驱动，最大限度地降低能耗，减少二氧化碳排放；最大幅度地提升能效和资源利用率，提高运输效率效益；最大限度地采用清洁能源，推动用能结构转换；最大限度地促进与城市协调发展，优化绿色出行。本文研究全自动线路运营能耗特点，提出加快建立节能评价体系、深化节能设计改进及创新、加强节能管理、建设能耗统计与监测平台等节能工作建议，可应用于既有线路的节能改造，服务于西安地铁三期 8 号线、10 号线、15 号线新建全自动线路，力求能够为业内同行提供一定参考，为城市轨道交通可持续发展探索节能新思路。

---

[*] 卢剑鸿，西安市轨道交通集团运营分公司总经理，高级工程师，长期从事城市轨道交通运营管理工作，在城市轨道交通运营管理、车辆管理、客运管理、企业管理等方面有资深的管理实践经验。

关键词： 绿色城轨 全自动运行线路 能耗指标 西安地铁

一 全自动运行线路能耗基本情况

西安地铁已开通运营线路 9 条，共设车站 212 座，线网运营里程共计 311.61 公里。其中，已开通运营全自动运行线路 1 条，未来三期地铁建设规划全自动运行线路 3 条，全长 103.7 公里，到 2025 年运营里程将突破 400 公里。16 号线一期全长 15.051 公里，设有 9 座车站、1 座车辆段，作为西北首条以 GOA4 等级开通的全自动运行线路，集列车自动驾驶、自动开/关车门、自动停车、自动唤醒启动和休眠、自动出入场段、自动清洗等功能于一体，是全自动高度集中控制的地铁运行控制系统。16 号线设计紧密围绕"低碳出行，绿色节能"的理念，通过多种策略降低全自动运行线路的电能消耗，初次使用再生能量回馈吸收装置、调频调压控制的交流牵引系统、永磁同步驱动电梯等一批新技术，为全自动线路绿色低碳运营提供了有力保障。

（一）主要能耗构成

16 号线全自动线路在运营维护阶段使用的能源种类有电力、水、天然气、热力等，其中电力为主要消耗能源，本文主要围绕电力能耗进行研究（见表 1）。能源包括以下内容。

（1）电力：主要分为非牵引用电（即车站、场段动力用电）和列车牵引用电两大部分。全线网设 110kV 主变电站，为地铁运

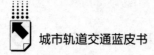

营提供总电源。下级设牵引降压混合变电所、降压所、区间跟随所，分别为列车提供牵引用电，为车站、车辆段、停车场提供生活、办公、生产、服务所需的动力及照明用电。

（2）热力：主要为检修库、运用库等生产用房及办公区域供热，热源采用干热岩集中供暖，厂房设采暖，末端采用散热器+暖风机系统。

（3）天然气：主要用于食堂、天然气锅炉采暖。

（4）水：主要为车站、场段生产生活设施、消防、服务用水。

表1　16号线一期全自动运行线路能耗系统与设备构成

能耗系统		主要能耗设备与分布情况	
		分布位置	主要设备
供电系统与设备	主变电系统	主变电所	主变电器
	牵引变电系统	牵引变电所	牵引变压器
	降压变电系统	降压变电所	配电变压器
给排水及消防系统与设备		车站、区间、车辆段	污水泵、废水泵、消防泵、污水处理设备
供热系统与设备		车辆基地	干热岩集中供暖
车辆系统与设备		车辆	牵引机车
通风空调系统与设备		车站公共区、车站附属区、区间隧道、车辆段	送风机、排风机、轴流风机、空调机组、
通信信号系统与设备		控制中心、车站、区间、车辆段、派出所、公安分局、主变电站	信号机、微机等
其他系统与设备		车站	电梯、自动扶梯
			安全门
		车站	微机、FAS、BAS、广播等

资料来源：根据西安地铁全自动运行线路相关资料整理。

（二）电力能耗分类

1. 列车牵引能耗

牵引能耗主要包括电客车牵引电机用电和电客车辅助系统用电，其电力消耗设备主要包括牵引、制动、列车照明、列车通风空调等。降低牵引能耗可以通过列车的驾驶模式和降低列车本身的重量这两个方面来实现。16号线全自动线路主要在设计中考虑通过再生制动、优化线路纵断面设计、优化驾驶操纵模式等策略来降低列车牵引能耗。

2. 动力照明能耗

动力照明主要包括车站、场段运营用电（包括动力用电、照明用电）以及非运营用电（包括商业用电、临时用电等），能耗包括电扶梯系统电耗、照明系统电耗、通风空调系统电耗及其他能耗。其中，车站通风空调系统和照明系统两者约占车站总耗电量的80%。车站通风空调系统主要受车站负荷影响，包括车站设备负荷、新风负荷、列车及人员负荷等，与车站规模、设备数量、运营时间、环控系统制式、环境温度等有关；照明系统主要受运营时间及照明面积影响。

降低辅助能耗是利用设备设施的控制减少热能的流失以及利用地铁运营的特点调整设备设施的使用时间。16号线全自动线路降低地铁运营辅助能耗可以通过智能环境控制系统、智慧车站控制系统、智能照明系统、风机、电梯设备采用变频启动等来实现节能控制。16号线全自动运行线路节能优化设计措施详见表2。

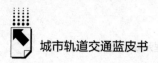

表2　16号线全自动运行线路节能优化设计措施

序号	项目	主要节能措施
1	线路	线路平面设计尽量采用大曲线半径,纵断面设计尽量优化,降低列车牵引时的电能损耗,合理分布车站,选择较大站间距
		优化线路路由方案,通过比选研究,选择节能的线路方案
2	电扶梯	电梯选用永磁同步驱动电梯
		自动扶梯采用变频调速控制(VVVF方式)$\triangle Et3$
3	供电配电系统	采用满足1级能效标准的110kV油浸式三相双绕组有载调压电力变压器$\triangle Et4$
		合理设置牵引变电所,减少送配电线路的损耗
		合理选择整流变压器装机容量
		合理采用无功补偿设备,降低运行中的电能损耗
		再生能源逆变系统节电量
4	通风空调系统	隧道排热风机采用变频TEF风机
		车站公共区空调采用变频调节$\triangle Et7$
5	车辆段	采用太阳能(辅助空气源热泵)热水系统
		采用节水型清洗设备,洗车水可回收经设备自带净化处理后能循环使用
6	中水系统	车站冲厕采用市政中水系统并独立设置,无市政中水水源的车站预留中水接口,室外预留至水表井,室内管道一次性安装到位并预留至卫生间,待市政管网完善后拆除卫生间自来水管道,中水管网接入
7	照明系统	建议全线照明灯具优先选用LED灯
		低压配电系统、室内外照明设施合理选用和配置控制装置,并采取节能的自动控制方式
		地面建筑合理利用自然光,将天然采光和人工照明相结合
8	供配电系统	主变压器节能

资料来源:根据西安地铁全自动运行线路相关资料整理。

二 全自动运行线路能耗指标对比分析

（一）牵引能耗指标对比分析

1. 车公里牵引能耗对比

16号线自2023年6月开通初期运营，统计6月、7月、8月线网9条线路的牵引能耗情况，线网车公里牵引能耗分别为1.80千瓦·时/车公里、1.80千瓦·时/车公里、1.86千瓦·时/车公里，均高于分公司1.75千瓦·时/车公里的年度目标，因牵引能耗受环境气温条件影响，6月、7月、8月正值西安高温天气，随着外界环境温度升高，列车辅助用电如列车内通风空调的用电量增加，从而提高了牵引能耗。但相较于2022年同期牵引能耗指标有所下降，分别降低了0.12千瓦·时/车公里、0.11千瓦·时/车公里、0.16千瓦·时/车公里，一定程度上印证了前期各项节能措施实施有利，节能效果得到改善。

通过对比，线网单位车公里牵引能耗指标在1.56~2.18千瓦·时/车公里波动，其中2号线、5号线牵引能耗指标均高于线网平均牵引能耗，主要与这2条线路客运周转量大有关。16号线全自动线路6月、7月、8月实际牵引能耗指标分别为1.90千瓦·时/车公里、1.88千瓦·时/车公里、1.92千瓦·时/车公里，线网能耗排名分别是第3、第2、第2，牵引能耗指标高于既有非全自动线路。具体指标对比详见图1。

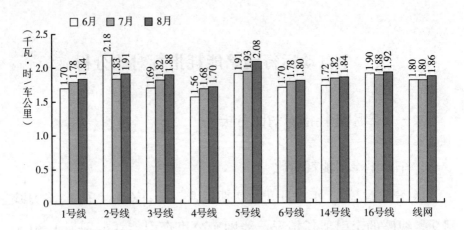

图1　2023年全自动线路与既有线路6月、7月、8月牵引能耗对比

资料来源：根据西安地铁运营能耗数据整理。

2. 指标对比分析

①16号线6月、7月、8月牵引能耗指标均低于设计值2.17千瓦·时/车公里，原因为16号线采用再生能量吸收装置、全自动不同工况模式下车辆设备转换及全自动节能运行图等，实际牵引能耗指标低于设备牵引能耗指标值。

②相比非全自动线路，16号线采用时速为100公里/时的列车，既有非全自动运行线路（除14号线）均为80公里/时列车，列车运行时速高，在区间惰性时间短，启动加速和制动过程中需要的牵引能耗均要高于80公里/时列车，提高了列车区间运行牵引能耗。

③相比同为百公里时速的14号线，16号线牵引能耗仍高于14号线指标，主要原因在于16号线平均站间距（1.78km）小于14号线段平均站间距（1.95km），列车启停更为频繁，车公里牵引能耗

数据高于 14 号线，此外客运量、线路敷设方式也会造成一定影响。

④另外，由于 16 号线开通时间较短，部分电客车处于新车调试阶段，涉及夜间加开、车辆及信号调试等工作较既有线路更为频繁，因调试产生的公里数未计入正常运营车公里数据统计，也会造成 16 号线平均车公里牵引能耗一定程度上偏高。

（二）动力照明能耗指标对比分析

1. 车站日均动力照明能耗对比

16 号线自 2023 年 6 月开通初期运营，统计 6 月、7 月、8 月线网 9 条线路的车站动力照明能耗情况，线网车公里动力照明能耗分别为 5275 千瓦·时/站日、6242 千瓦·时/站日、6609 千瓦·时/站日，呈现逐月上升的趋势，其中 7 月、8 月指标均高于分公司 6000 千瓦·时/站日的年度目标。主要是夏季空调受环境气温条件影响，随着外界环境温度升高，车站通风空调的用电量增加，从而引起动力照明能耗增加。但相比 2022 年同期动力照明能耗指标有所下降，分别降低了 314 千瓦·时/站日、209 千瓦·时/站日、345 千瓦·时/站日，一定程度印证了前期各项节能措施实施有利，节能效果得到改善。

通过对比，车站动力照明能耗指标在 4522～7500 千瓦·时/站日，6 月、7 月、8 月各条线路车站动力照明能耗受客运量和环境温度等因素影响，指标均呈现正增长关系，其中涨幅最大的 3 条线路分别为 2 号线、4 号线和 1 号线。16 号线全自动线路 6 月、7 月、8 月实际牵引能耗指标分别为 5847 千瓦·时/站日、6654 千瓦·时/站日、6727 千瓦·时/站日，线网能耗排名分别是第 3、第 3、第 4 名，车站动力能耗指标排名较高。具体 6 月、7 月、8 月车站动照能耗指标对比、客运量情况，分别详见图 2、图 3。

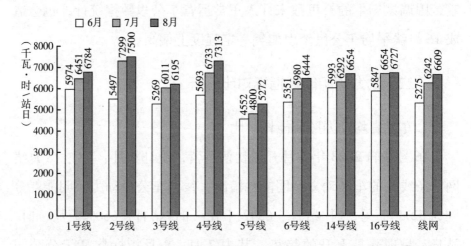

图 2 2023 年全自动线路与既有线路 6 月、7 月、8 月车站动照能耗对比

资料来源：根据西安地铁运营能耗数据整理。

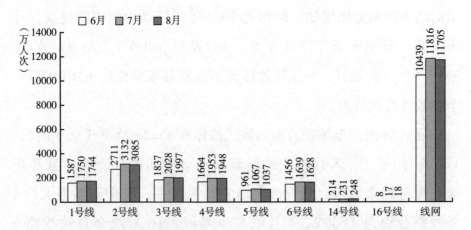

图 3 2023 年全自动线路与既有线路 6 月、7 月、8 月车站客运量情况对比

资料来源：根据西安地铁运营能耗数据整理。

2. 指标对比分析

（1）16 号线相较既有线新增用电设备，每站平均设备数量增加多，如再生能馈装置、智慧车站、间隙探测、区间感温光缆、区间水患监控、可视化接地等设备。尤其是 PIS 屏幕数量平均每站数量多出既有线 2 倍。

（2）16 号线建筑面积设计更大。16 号线车站建筑面积为同样采用智能化设备数量较多的 14 号线东段车站建筑面积的 2.8 倍，造成车站照明能耗提高。

（3）新开通线路调试施工较多。6 月、7 月、8 月正线车站剩余大量设备调试及外部施工仍在继续，主要为智慧车站系统调试、风水联动系统调试等，调试期间频繁启停电扶梯、卷帘门、闸机、PIS 及风机风阀等设备，造成动照能耗偏高。

三　全自动线路能耗指标优化措施研究

（一）再生能馈装置应用

16 号线全自动线路正线使用再生能源回馈吸收装置，正线 7 座牵混所均安装有再生能馈装置，相较于既有线电阻制动装置更加绿色节能。一方面，通过再生能源逆变系统将列车在制动过程中产生的能量回馈到接触网，一部分被其他相邻供电分区列车吸收利用，剩余未被吸收部分能量经过逆变会回馈装置将再生能量回馈至 35kV 母线二次吸收使用，实现了电能的循环利用，对提高能源利用率、减少能源浪费效果显著。另一方面，用再生制动装置代替原

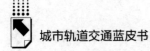

来电阻制动装置，设备多数安装在车站牵混所内，列车自身重量比原来电阻制动列车减轻，也减缓了地铁隧道内温度的上升，进一步减少了列车自身牵引能量消耗和动力照明能耗。16号线再生能量回馈系统装置原理详见图4。

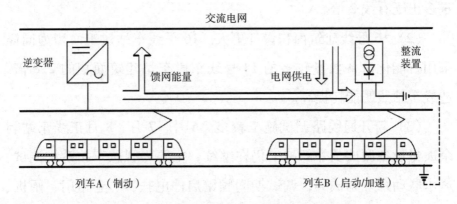

图4　16号线再生能量回馈系统装置原理

通过统计16号线6月、7月、8月再生能量回馈吸收装置数据，回馈电量为11.54万千瓦·时、15.66万千瓦·时、15.75万千瓦·时，分别占到月度牵引能耗的15.59%、14.16%、13.86%，占到总电量能耗的4.32%、3.63%、3.65%。其中，诗经里、秦创原中心站为端头站，因其折返列车，制动频繁高于其他站，故再生回馈能量与其他车站相比较高；上林路、西咸大厦站2座牵混所无间隔，且站间距较小，多数列车制动能量被相邻分区列车吸收，回馈到35kV母线的电压远低于其他牵混所再生能量。16号线6月、7月、8月再生回馈能量详见图5。

节能效果评价分析：根据16号线列车运行计划，全日开行226列次，其中空载4列次（含轨道车2列车），载客222列次，

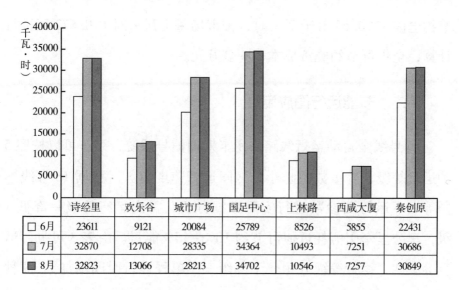

	诗经里	欢乐谷	城市广场	国足中心	上林路	西咸大厦	秦创原
□ 6月	23611	9121	20084	25789	8526	5855	22431
▨ 7月	32870	12708	28335	34364	10493	7251	30686
■ 8月	32823	13066	28213	34702	10546	7257	30849

图5 16号线各站6月、7月、8月再生回馈能量

资料来源：根据西安地铁运营能耗数据整理。

运营车公里 19662 列次。每年可回收利用的再生回馈电量根据下式进行计算：

$$W = N \times W_{电量} \times 365$$

式中：W—每年可回收利用的再生回馈电量；

N—车站再生能馈装置数，取 7 座；

$W_{电量}$—平均每座再生能馈装置每天再生回馈的能量。根据 6 月、7 月、8 月的再生能量数据求均值，$W_{电量}$ 取 4660 千瓦·时/站日。

因此，计算 16 号线全自动线路全年再生回馈能量为：

$$W = 7 \times 4660 \times 356 = 1190.63(万千瓦·时)$$

通过计算得出，16 号线再生回馈装置节能效果显著，年均可

节约电能 1190.63 万千瓦·时，按市场每千瓦·时电 0.672 元进行
计算，全年可节约经济成本 800 多万元。

（二）节能运行图应用

16 号线全自动运行线路采用卡斯柯信号系统，列车可以按照 5
种运行等级，等级数值越小，区间运行速度越大。根据 16 号线不
同等级下运行图参数进行实测数据分析，得出运行等级每降低 1
级，车公里牵引能耗近似可节约 10%~15% 能量。由表 3 可见，运
行等级四、运行等级五相较于等级三，单程运行时间增加约 18 秒
和 1 分 10 秒，旅行速度减幅约为 1.46% 和 5.63%。

表3　16 号线全自动运行线路不同等级表数据对比

等级	运行周期	单程运行时间	单程运行时间比较	旅行速度（km/h）	比等级三旅行速度增长（%）
等级三	49min34s	20min47s	0	41.06	—
等级四	50min10s	21min5s	+18s	40.47	-1.46
等级五	51min23s	21min57s	+1min10s	38.87	-5.63

注：16 号线初期设计旅行速度为 45.4km/h。但当列车处于运行等级五时，旅行速
度为 38.87km/h，远低于初期设计旅行速度值，因此不对等级五研究。

资料来源：根据西安地铁全自动运行线路相关资料整理。

节能运行图编制：节能运行图根据客流压力及列车运行参数合
理选择速度，从而优化列车距离—速度曲线，增加列车惰性距离，
可达到节约牵引能耗的目的。16 号线节能运行图通过改变列车运
行等级方式，对比等级三、等级四不同等级下的技术参数，测试不
同运行等级下的列车牵引能耗情况。16 号线节能运行图与正常运

行图运行等级设置对比见表4、列车运行等级三、等级四的技术参数对比见表5。

表4　16号线节能运行图与正常运行图运行等级设置对比

方案	工作日		周六日
	高峰期	低峰期	平峰期
初期运营图	等级三	等级三	等级三
节能运行图	等级三	等级四	等级四

表5　列车运行等级三、四技术参数对比

运行等级	技术参数	数值	运行等级	技术参数	数值
等级三	上行单程运行时间	20min47s	等级四	上行单程运行时间	21min11s
	下行单程运行时间	20min47s		下行单程运行时间	20min59s
	诗经里全折返	4min		诗经里全折返	4min
	秦创原中心全折返	4min		秦创原中心全折返	4min
	运行周期	49min34s		运行周期	50min10s
	旅行速度（km/h）	41.06		旅行速度（km/h）	40.47
	技术速度（km/h）	50.84		技术速度（km/h）	49.94

资料来源：根据西安地铁全自动运行线路相关资料整理。

节能效果评价分析：根据节能运行图实测数据，分别计算列车在运行等级三、等级四下的车公里能耗值分别为1.29千瓦·时/车公里，1.11千瓦·时/车公里。以此为基础数据推算"节能运行图"及16号线"初期运营图"的全年列车运行能耗值。具体计算如下。

1. 节能运行图

①工作日单日能耗 W_1：高峰期间上线98列次，低峰期间上线128列次（包含空驶4列次）。

$$W_1 = (98 \times 1.29 + 128 \times 1.11) \times 14.5 \times 6 = 23359.5(千瓦 \cdot 时)$$

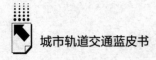

②周六日单日能耗 W_2：平峰期间上线 200 列次（包含空驶 4 列次）。

$$W_2 = 200 \times 1.11 \times 14.5 \times 6 = 19314(千瓦·时)$$

③全年运行能耗 W：按全年 52 个周计算。

$$W = W_1 + W_2 = (23359.5 \times 5 + 19314 \times 2) \times 52 \approx 808.21(万千瓦·时)$$

2. 初期运营图

①工作日单日能耗 Q_1：高峰期间上线 98 列次，低峰期间上线 128 列次（包含空驶 4 列次）。

$$Q_1 = 226 \times 1.29 \times 14.5 \times 6 = 25363.98(千瓦·时)$$

②周六日单日能耗 Q_2：平峰期间上线 200 列次（包含空驶 4 列次）。

$$Q_2 = 200 \times 1.29 \times 14.5 \times 6 = 22446(千瓦·时)$$

③全年运行能耗 Q：按全年 52 周计算。

$$Q = (25363.98 \times 5 + 22446 \times 2) \times 52 \approx 892.9(万千瓦·时)$$

3. 节能成效 Y：按每度电0.672元计算

$$Y = (Q - W) \times 0.672 = (892.9 - 808.21) \times 0.672 \approx 56.91(万元)$$

通过上述分析可知，列车工作日低峰、周六日平峰期按等级四运行，其余时段按等级三运行，相较于列车全时段均按等级三运行，全年可节省运行能耗约 84.69 万千瓦·时电量，按每千瓦·时电 0.672 元计算，折合人民币约 56.91 万元，节能效果显著。

（三）全自动运行工况模式转换应用

16号线全自动运行场景中设有不同场景下工况模式自动转换功能。例如，当列车在正线服务时，列车处于正线运行工况，此时车上的空调、常用照明等负载均为开启状态，确保做好相关的乘客服务工作。当列车执行完当日的运行计划后，准备退出正线服务，信号系统自动下发"退出正线服务"工况，此时车上的空调、常用照明等负载由开启状态转为关闭状态，不再进行乘客服务相关工作，有效降低了能源浪费，做到智能化的绿色节能。

16号线工况模式主要包括：正线服务、待命、场段运行等，不同工况模式下的设备开启状态详见表6。

表6 全自动运行线路不同工况模式设备工作状态

工作模式	类型	车辆上设备工作状态				
		空调	常用照明	紧急照明	PA	雨刷
正线服务	运营	开	开	—	开	原位
停止正线服务	运营	关	开	—	关	原位
场段运行	运营	关	开	—	关	原位
待命	运营	关	开	—	关	原位
洗车	维护	关	开	—	关	中位
清扫	维护	开	开	—	关	原位
检修	维护	手动开关	手动开关	手动开关	手动开关	手动开关

节能效果评价分析：全自动运行线路中，列车休眠唤醒及日常出入段作业均按照信号系统预先设定好的时机进行。16号线一期目前共配置13列电客车，根据16号线一期线路开通初期行车组织安排，周内工作日计划最大上线7列、备用2列。

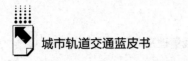
1. 列车出库工况节能分析

列车从唤醒至到达转换轨出库用时约为半小时，因为全自动线路中列车唤醒休眠均由信号系统控制，在列车从唤醒至到达转换轨的过程中是场段运行工况，系统不会开启电客车的空调系统。单个电客车的空调机组功率为 29.1kW，每一列电客车共配备 2 台单元顶置式空调机组。

①工作日列车空调节能 W_1：周内工作日 5 天，每日上线 7 列、备用 2 列，即共计上线列车 9 列。

$$W_1 = 29.1 \times 2 \times 0.5 \times 5 \times 9 = 1309.5(千瓦 \cdot 时)$$

②周六日列车空调节能 W_2：周六日 2 天，每日上线 5 列、备用 2 列，即共计上线列车 7 列。

$$W_2 = 29.1 \times 2 \times 0.5 \times 2 \times 7 = 407.4(千瓦 \cdot 时)$$

③全年列车空调节能 W：全年按 52 个自然周计算。

$$W = (W_1 + W_2) \times 52 = (1309.5 + 407.4) \times 52 = 89278.8(千瓦 \cdot 时)$$

2. 列车回库工况节能分析

列车从转换轨退出正线工况到在库内完成休眠作业用时约为 10 分钟，即 0.17 小时。在列车从转换轨退出正线工况到在库内完成休眠作业的过程中是场段运行工况，系统不会开启电客车的空调系统。单个电客车的空调机组功率为 29.1kW，每一列电客车共配备 2 台单元顶置式空调机组。

①工作日列车空调节能 Q_1：周内工作日 5 天，每日上线 7 列、备用 2 列，即共计上线列车 9 列。

$$Q_1 = 29.1 \times 2 \times 0.17 \times 5 \times 9 = 445.23(千瓦 \cdot 时)$$

②周六日列车空调节能 Q_2：周六日 2 天，每日上线 5 列、备用 2 列，即共计上线列车为 7 列。

$$Q_2 = 29.1 \times 2 \times 0.17 \times 2 \times 7 \approx 138.5(千瓦 \cdot 时)$$

③全年列车空调节能 Q：全年按 52 个自然周计算。

$$Q = (Q_1 + Q_2) \times 52 = (445.23 + 138.5) \times 52 = 30353.96(千瓦 \cdot 时)$$

3. 节能成效 Y：按每千瓦·时电 0.672 元计算

$$Y = (Q + W) \times 0.672 = (89278.8 + 30353.96) \times 0.672 = 8.04(万元)$$

通过上述分析可知，列车出、入库不同工况模式下，列车空调系统全年可节省运行能耗约 11.96 万千瓦·时电量，按每千瓦·时电 0.672 元计算，折合人民币约 8.04 万元，节能效果显著。

（四）电梯运行节能模式引用

16 号线电扶梯采用变频运行方式，扶梯开始运行时通过变频器启动，当扶梯达到 100% 额定速度（0.65m/s）运行后，如无乘客乘梯，扶梯由 100% 额定速度自动降为 20% 速度（0.13m/s）低速运行；如扶梯在 20% 速度下运行很长一段时间仍无人乘梯，则扶梯会自动平缓地停梯待命。16 号线直梯曳引机采用永磁同步无齿轮电机驱动，与传统电梯相比，由于取消了减速机且功率因数为 1，其节能效果较为显著，最高可达 30%。

节能效果评价分析：16 号线垂直电梯采用永磁同步无齿轮电机驱动，综合节能约 20%；自动扶梯均采用节能运行模式，节能约 30%。电梯、自动扶梯年度节电量详见表 7。

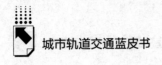

表7　电梯、自动扶梯近期节能量测算

参数	系统年耗电量 （万千瓦·时）	节电率 （%）	节能运行模式年节 能量（万千瓦·时）	经济效益 （万元）
电梯	75.88	20	15.18	10.20
自动扶梯	633.28	30	189.98	127.67

（五）智能照明控制系统应用

16 号线设计采用智能照明系统控制装置，面向地铁用户合理选用和配置了照明系统控制装置，可以实现灵活方便地开启和通断部分照明灯具。对于站厅、站台、设备区、出入口的照明采用多路交叉供电，设置多种照明运行模式，达到节能优化控制的目的。

1. 优化照明回路布局及控制方式

（1）车站公共区照明

如车站出入口通道、出入口顶棚、站厅及站台照明等，均应设置单独多个回路，且各个回路之间的灯具交叉布置，通过照明回路开启的数量，实现灯具开启数量的减少，达到很好的节能效果。

（2）设备区照明

通过对设备区走道、风道等区域采用声控方式，对有作业需求的区域采用声控与手动开关相结合的控制方式，以及优化照明控制开关的安装位置等措施，实现有效节能的目的。

（3）区间照明

将区间照明回路由 1~2 个增加到 4 个，且 4 个回路之间的灯具交叉布置，实现区间工作照明的多回路控制，结合区间作业情况及运行模式配置不同的照明场景，达到区间工作照明节能目标。

2. 优化照明模式配置

（1）公共区照明（站厅、站台及出入口通道）

在设计阶段，基于传统照明方式，结合多回路控制，公共区照明配置三种运行模式，分别为全照明模式、节电模式及停运模式。在运营时段，开启节电模式，在非运营阶段开启停运模式，实现节能目标。

（2）飞顶照明

一是结合多回路控制，在对应的时间段运行节电模式；二是根据室外情况，设置每个季度飞顶照明的开启、关闭时间，避免在室外自然光良好的情况下飞顶照明长时间开启运行，造成资源浪费。

（3）区间照明

既有线路区间工作照明模式为两种，分别为区间工作全照明开启模式、区间工作照明关闭模式，结合新线路运行模式特点，区间工作全照明模式存在能源浪费情况，因此新增区间工作照明节电模式，并全时段运行区间工作照明节电模式，提高了区间照明利用效率，降低了一半的用电成本，实现了节能减排工作目标。

（六）车站通风空调系统节能控制应用

16 号线均为地下站，车站采用风水联动的节能控制系统，根据室外环境参数、室内负荷需求、系统划分与配置、车站空调节能控制系统对车站通风空调设备运行需求进行统筹规划，包括各种运行模式的选择、冷却塔、冷却水泵运行数量，冷水机组投入工作的压缩机台数、冷冻水泵、组合式空气处理机组的运行频率等。通过温湿度传感器采集现场温湿度参数，反馈至 BAS 系统的 PLC 控制器，PLC 经过逻辑运算，使车站大系统、小系统、水系统的运行模式根据现场环境参数进行自动选择执行，达到车站通风空调系统节能运行的目的，节能效率能达到 10% 左右。

四　思考与展望

中国城市轨道交通协会响应绿色发展"双碳"行动，组织编制了《中国城市轨道交通绿色城轨发展行动方案》，提出了绿色城轨建设的指导思想，阐述了绿色城轨的内涵标志，描绘了绿色城轨的发展蓝图，明确了"三步走"的发展战略，提出重点实施"绿色规划先行行动、节能降碳增效行动、出行占比提升行动、绿色能源替代行动、绿色装备制造行动、全面绿色转型行动"六大绿色城轨行动，为未来地铁绿色、节能、可持续发展擘画了蓝图。

西安地铁三期 8 号线、10 号线、15 号线全自动运行线路开通在即，总结 16 号线全自动运行线路节能优化措施，指导三期线路提前谋划设计节能措施意义重大，三期全自动运行线路绿色节能，需要不断地总结既有线路经验、应用新技术、提升管理水平及健全能源管理体系等，提高全自动运行线路节能水平。

（一）推动节能新技术应用

1. 光伏发电节能技术

通过建设分布式光伏发电系统，实现轨道交通系统从消费者向生产者的转变，是一种新型、具有广阔前景的轨道交通电源潜力开发的方式。地铁车辆段/停车场中线路沿侧、高架段车站站点房顶等提供了集中空间资源，具有较大的可再生能源开发潜力。西安地铁三期线路分别在 10 号线绳刘村车站建筑屋顶试点、15 号线场段检修库顶增加分布式太阳能电池板，将太阳能转换为电能，经过逆变升压接入 35kV 供电系统中，进而达到节能的目的。一种方式通过光伏电池板将太阳能转换为电能，经过逆变器逆变成交流电，再升压为 35kV，并入变电所 35kV 中压系统中，可以供牵引和动力照明系统使用。另一种方式是直接将太阳能光伏电站发电并入 0.4kV 低压系统中，实现能量再生利用，达到节能的效果。

①10 号线在高架站选取绳刘村站作为试点，车站站台顶棚面积约为 2800 平方米，光伏组件的安装范围约为 1000 平方米，采用"并网光伏发电系统"，并网接入 0.4kV 电压等级，具有系统结构简单、初始投资成本低、收益率较高等优势，适用于光伏组件安装面积有限、发电量较低的地面或高架车站，以及规模较小的停车场、车辆段。经前期设计测算，绳刘村站预计年均发电量 22.2 万千瓦·时。

②15 号线细柳车辆段在建筑顶部加装光伏发电系统可加装光伏的屋面面积共约 10 万平方米。通过并网接入 35kV 电压等级，具有线路损耗小、经济性更好的优点，所内具备交流开关柜，方便光伏接入。但初始投资较高，适用于面积较大、发电量较大的车辆基地。经前期设计初步测算，15 号线细柳车辆段光伏系统年均发电量 600 万~700 万千瓦·时，投资估算约 3400 万元，投资回收期 7~10 年，财务内部收益率为 12%，运营周期为 25 年。

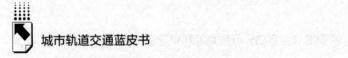
2. 采用4、6节混跑灵活编组

三期线路在不降低运营服务水平的情况下，考虑将高峰时段两节列车快速联挂起来，形成独立运行的6节编组列车，满足大客流需求；平峰时段将6节编组列车快速解编成两列4节编组列车，提升平峰服务水平，降低列车走行里程和能耗。通过灵活编组方案更加省车、省电，满载率调控效果更显著。

3. 采用35kV 非晶合金变压器

非晶合金变压器与常规硅钢铁芯变压器相比，具有空载损耗低、空载电流小的优点，空载损耗一般可下降70%以上，空载电流可下降90%以上，具有较高的效率及较好的节能效果。

4. 利用"磁悬浮中央空调+风水联动"智能控制系统

采用强弱电一体设计，将空调机组送风机/排风机，新风机，风阀，水阀的配电、控制集成于一体，参照室内外温湿度和历史数据智慧运行，空调系统输出冷热量随建筑实际需求而自动调节，将数据监测、节能控制、能耗监测融合为一体，进行风水联调深度节能，实现地铁空调送风系统的高效节能运行，节能率约为40%。

5. 采用绿色节能 LCD 显示屏

一是选择低功耗、高能效 LCD 显示屏，在同样亮度下能够显著降低能源消耗，从而减少对环境的负荷。二是选择能自动调节亮度、节能模式的 LCD 显示屏，可以根据列车运营时间表和乘客流量的变化，自动控制 PIS 屏的开关机时间，避免了无效的能源消耗。在低乘客流量的时段，PIS 屏可以自动关闭，减少能源的浪费；节能模式可以在屏幕不被使用时自动降低亮度，减少能源的消耗。三是选择远程监控与管理的 PIS 屏幕，通过远程监控与管理功能实时监测 PIS 屏的运行状态和信息传输情况，实现对多个 PIS 屏的集中管理，减少了巡检的频率和工作量，节约了人力资源，降低了能源消耗。

6. 采用智能照明技术

通过智能调节及智能启停等智能设备的使用，降低列车运行能耗。车辆实现自动调光客室照明功能，通过在每节车设置一套光线传感器和调光控制器，对电源的输出进行集中控制，可以确保灯具的发光随外界环境照度变换而变化，充分利用 LED 的可控性达到节能环保的目的。在车站和列车内部安装自动感应照明系统，以确保只在需要时才使用照明设备。利用智能控制系统监测和调整照明设备的亮度和开关状态，以最大限度地降低能耗。

（二）探索节能管理新模式

节能管理水平提升是一个不断探索的过程，目前运营阶段采用的管理手段包括：建立用能规则，形成系统规范；匹配电价政策，研究直接交易；分区域分时段实施定额管理等。通过不断地实践和探索，还应进一步以客观现实为依据，主客观结合，形成体系化的能源管理方式。同时，注重建立和实施过程控制，使组织的活动、过程及其要素不断优化，通过例行节能监测、能源审计、能效对标、内部审核、组织能耗计量与测试、组织能量平衡统计、管理评审、自我评价、节能技改、节能考核等措施，不断提高能源管理体系持续改进的有效性，实现能源管理方针和承诺并达到预期的能源消耗或使用目标。如实行"能量定额管理"，制定"一站一节能"等措施差异化节能管控措施降低能耗。

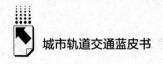
（三）三期线路节能措施研究

三期全自动线路节能措施，主要考虑发挥设备设施设计时的节能功效并不断优化改进。一是将节能理念贯穿轨道交通的规划、设计、施工与运营全过程，能耗是体现在各个专业方面的全体系综合作用的结果。二是在运营阶段，由于线路、场段、车站等设施，以及车辆、信号、供电、机电等设备已采购、安装和调试完成，主要在既有设备设施能力的基础上，发挥整个系统运作的最大效益。后续西安地铁在三期线路新线建设期间应统筹考虑各建设环节对于绿色节能理念的应用，努力实现"碳达峰""碳中和"要求。三期全自动线路能耗控制措施详见表8。

表8　三期全自动线路能耗控制措施

阶段	项目		控制措施
规划阶段	线网级构筑物	控制中心	考虑规模与资源共享
		车辆基地	
		综合维修中心	
设计阶段	线路级构筑物	线路隧道区间	节能坡[V型(20‰~25‰,250m)、W型]
		地下车站	合理控制车站规模(公共区及管理用房布局优化)、因地制宜设置浅埋车站、注重车站出入口设计(90°弯折)
		高架车站	体形系数、建筑外观、自然通风。考虑绿色建筑(被动式低能耗建筑)相关技术,围蔽系统:玻璃幕墙、金属屋面、金属遮阳百叶、采光屋顶、光伏技术等,加强人性化设计
	系统设备	车辆	制式(轮轨、跨座、直线电机、中低速磁浮等)、车型(铝合金减重、结构工艺设计)、敷设方式(地下>高架)、永磁电机+SiC变流器等
		信号	节能控制曲线

续表

阶段	项目		控制措施
设计阶段	系统设备	供电	合理选择供电方式(集中式、分散式)、优化各等级电源点位置、合理选择变压器负载率、合理设置配电网络、选择合适的牵引供电方式、降低线损和变损、合理设置再生制动装置、设置能效管理系统等
		机电	采用智能控制及多种手段提升环控系统运作效率,采用变频电机(风机、电梯)技术,采用智能照明,某个区域采用多能互补等
施工阶段	施工	绿色施工	最大限度地节约资源与减少对环境负面影响的施工活动,实现施工阶段的节能,使用耐久绿色材料、装配式施工等
运营阶段	系统运用	行车组织	确定合理的列车开行计划、非高峰时段组织列车节能牵引、合理安排列车运行,充分发挥再生制动装置效能、编制节能运行图等。合理设置车站设备的服务时间
	政策利用	电价	计价方式匹配、电力直接交易
	管理措施	指标化管理	建立合理的能耗指标,与客流、运能等挂钩,建立合理的定额标准
		节能体系化建设与评价	规范节能制度、贯标能源管理体系

Abstract

China Urban Rail Transit Operation Development Report (2022~2023) is divided into five parts, including the general report, green operation, energy saving, reference and expert views.

According to the transportation industry development statistical bulletin, there was 292 lines of urban rail transit in 2022, with an operating mileage of 9, 554. 6 kilometers, increased 819 kilometers. The passenger boarding was 19. 31 billion, and passenger journey was 11. 69 billion, which was significantly affected by the COVID – 19. In 2023, the passenger volume of urban rail transit has shown a rapid recovery trend. As of the end of September, the passenger boarding of urban rail transit has reached 21. 5 billion. It is expected that the annual passenger boarding will be around 30 billion, reaching a record high. In 2022, the urban rail transit operation and management system was established and improved. The Ministry of Transport has organized and released 4 policies and 4 standards. Beijing, Shanghai, Chongqing and other places have introduced 25 local standards. Cities have adopted many innovative measures around passenger services, driving organization, facilities and equipment management, and sustainable development, which have been widely recognized by passengers and received multiple technology awards. In the future, digital management, refined services, and green operations will remain hot spots in the industry.

Urban rail transit is the most representative sustainable transportation mode. Currently, there are more than 10 national standards related to energy management. 13 cities have also introduced green development action plans to further promote the "carbon peaking and carbon neutrality" initiative. According to the survey, the main energy consumption of urban rail transit operations comes from train traction and base power lighting energy of station and vehicle. There is a big difference between the two proportions in northern and southern cities, and the proportion of other aspects generally does not exceed 10%. Urban rail transit companies generally incorporate energy consumption into performance management. Due to differences in electricity purchase methods and preferential policies in various cities, the average electricity prices is also different, ranging from 0.59 to 0.82 RMB/kWh.

In terms of green and energy saving train operation, the main measures include new technologies and equipment for vehicle manufacturing, optimization of operation control technology, energy-saving technology of power supply, optimization of signal control system and optimization of operation organization. In terms of green energy saving in the ventilation and air conditioning system, the main measures include optimizing system operation time, developing wind-water linkage energy saving control system, frequency conversion technology, magnetic levitation chiller. In terms of green energy saving in lighting, the main measures include replacing LED light source lamps, optimizing lighting control strategies and applying intelligent lighting control technology. In terms of green energy conservation at the vehicle base, in addition to some measures in train operation, ventilation, air conditioning, lighting which are still applicable, the main measure is to make full use of natural resources. In addition, the effectiveness verification of various energy saving measures is inseparable from the accurate measurement, statistics and analysis of the energy management

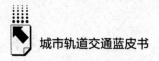
system. Regarding the energy saving measures in the above aspects, there are abundant practical cases in the world, and many practical results have been achieved. However, there are still areas that need to be improved in terms of economy, applicability, standards and regulations.

Focusing on the green development of urban rail transit operations, energy saving in ventilation and air conditioning systems, and analysis of carbon reduction benefits, experts conducted special discussions and put forward unique and novel perspectives.

Keywords: Urban Rail Transit; Green Operations; Energy Saving Applications

Contents

I General Report

Abstract: The development of urban rail transit in China maintained rapid growth in 2022, and the length of new operational lines was 819. 0 km. The total scale of operational lines was 9554. 6 km, and the total number of stations was 5597. The passenger boarding was 19. 31 billion, and passenger journey was 11. 69 billion, which was significantly affected by the COVID-19. The industrial management system has been continuously improved, and significant achievements have been made in enterprise management and technological innovation. The report reviewed the development of urban rail transit operation in 2022, and the indicators of passenger boarding, passenger journey, passenger intensity, transfer coefficient and train service reliability were analyzed. The policies and related technical standards were summarized, and the innovation of enterprise organization and operation maintenance were

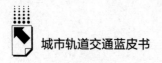
城市轨道交通蓝皮书

discussed. Finally, the future development hotspots of urban rail transit operation management was put forward.

Keywords: Urban Rail Transit; Operation Service; Management Innovation; Technical Innovation

Ⅱ　Green Operation Part

B.2　Policies and Development Requirements Related to
　　　Green Operation of Urban Rail Transit

Hu Yuan, Zheng Yi and Zhou Huimin / 036

Abstract: As a green and low-carbon transportation mode, urban rail transit plays an important role in the implementation of the "double carbon" strategy. As an environmentally friendly large-capacity public transport infrastructure, urban rail transit is of great significance for leading low-carbon travel and assisting urban green development. This chapter will elaborate on the policies and development requirements related to the green operation of urban rail transit from the following three aspects: first, explore the relationship between the dual-carbon strategy and urban rail transit operation; second, introduce the energy-saving measures taken by various cities in the preparation of urban rail transit green action plans, station power-saving management, and vehicle renewable energy feed; finally, analyze the impact of relevant standards on the green operation of urban rail transit.

Keywords: Urban Rail Transit; Dual Carbon Policy; Green Operation

Contents ↖↗

B. 3 Analysis of Energy Consumption in Urban rail Transit Operations

Urban Rail Transit Operation Energy Consumption

Data Analysis Research Team / 056

Abstract: This chapter mainly analyzes data related to urban rail transit operation energy consumption and the current status of the industry from four aspects. The first is to outline the overall energy consumption structure of urban rail transit operations. Currently, electricity energy consumption is the main energy used in urban rail transit operations. The second is to briefly introduce the indicators and definitions of electric energy consumption, and analyze the energy consumption data of urban rail transit operating enterprises of different formats from the aspects of traction energy consumption and power lighting energy consumption. The third is to sort out and analyze the management of power energy consumption indicators of each operating enterprise. All enterprises can achieve regular monthly statistics and incorporate energy consumption indicators into organizational performance goals. The fourth is to summarize the electricity purchase and preferential policies in various places. At present, the rail transit electricity price mechanism in each city basically implements market-based electricity prices. The preferential policies are mainly reflected in the implementation of peak-free electricity prices, the issuance of renewable energy subsidies, and the priority implementation of green electricity transactions.

Keywords: Urban Rail Transit; Energy Consumption; Energy Saving and Consumption Reduction; Green Development

273

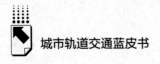

Ⅲ Energy Saving Part

B.4 Analysis of Green Energy Saving in Train Operation of

Urban Rail Transit

Green Energy Saving in Train Operation of Urban Rail

Transit Analysis Research Team / 076

Abstract：About half of the energy consumption in urban rail transit operations comes from train traction. This chapter sorts out vehicle equipment and operation control, traction power supply energy-saving technology, signal control technology, and train operation organization, analyzes the exploration and application of train energy-saving technology and equipment, and proposes the development direction of energy-saving urban rail transit train operation, including the establishment of industry energy consumption monitoring and evaluation standards, the promotion and application of multi-professional energy-saving technologies, and the transformation of green energy-saving technology in train operation.

Keywords：Urban Rail Transit；Train Operation；Energy Saving

B.5 Green Energy Saving Analysis of Urban Rail Transit

Ventilation and Air Conditioning System

Huang Jianhui，Liu Hongbo and Ma Bing / 097

Abstract：This chapter mainly analyzes the green energy saving of urban rail transit ventilation and air conditioning systems from four aspects. First, the factors affecting energy consumption of ventilation and air conditioning systems in stations and trains were studied. The second is to sort out the innovation and application of energy-saving management of ventilation and air conditioning systems, compare the differences of air conditioning systems in station between cities, analyze the energy-saving control measures of ventilation and air conditioning systems, and summarize the "strong cooling and weak cooling" application of trains in each city. The third is to analyze the exploration and application of energy-saving control technology for ventilation and air conditioning systems. Fourth, green energy saving thoughts and suggestions for urban rail transit ventilation and air conditioning systems are put forward from the aspects of strengthening daily maintenance, comprehensively considering construction costs and operation and maintenance costs, and establishing a station ventilation and air conditioning system data platform.

Keywords: Urban Rail Transit; Ventilation and Air Conditioning; Green Energy Saving; Energy Saving Management; Energy Saving Technology

B.6 Analysis on Lighting Green Energy Saving of
Urban Rail Transit

Fang Manran, Huang Mingcai and Zhang Junting / 111

Abstract: This chapter analyzes the lighting source, control method, illumination and lighting energy consumption of urban rail transit stations, summarizes the lighting management and technical

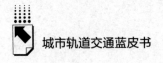

energy-saving measures taken by some urban rail transit enterprises, and focuses on the analysis of DALI intelligent lighting system, KNX intelligent lighting control system, induction lamps wireless intelligent lighting systems and DC lighting systems, and proposes relevant suggestions on station lighting design and renovation from aspects such as optimizing lighting circuits and controlling lighting color temperature.

Keywords: Urban Rail Transit; Lighting; Green Energy Saving

B.7 Green Energy Saving of Urban Rail Transit Vehicle Base

Peng Hang, Yin Jun and Zhu Bo / 125

Abstract: As the operation and production site of urban rail transit, the vehicle base has an important impact on urban energy consumption and environmental protection. Electric energy consumption is the main energy consumption of the vehicle base, which is mainly used for train traction, air conditioning and ventilation, lighting and equipment operation. Based on the electric energy consumption structure of the vehicle base, this chapter expounds the current power-saving technical measures and applications of the urban rail transit vehicle base in terms of natural resource utilization, intelligent energy management technology utilization, energy-saving lighting and intelligent light control systems, etc., starting from the innovative vehicle base The future development is prospected in terms of energy-saving construction, resource sharing, strengthening research on power-saving technology and policy support.

Keywords: Urban Rail Transit; Vehicle Base; Green Energy Saving; Power Consumption

B.8　Urban Rail Transit Energy Management System

　　　Fang Manran, Huang Mingcai and Zhang Junting / 139

Abstract: The urban rail transit energy management system improves the automation level of urban rail transit operation energy management. The energy consumption data model is the basis for the software design of the urban rail transit energy management system. Statistical analysis of energy consumption data can be performed between sub-items, stations, and lines by using a unified energy consumption data model. Based on the construction experience of Nanjing Metro energy management system, this chapter proposes an energy consumption data classification sub-item model and a household-based model, conducts a detailed analysis of the sub-item model, and introduces the architecture and function of the energy management system from the line and network levels.

Keywords: Urban Rail Transit; Energy Consumption Classification Model; Energy Consumption Household Model; Energy Management System

IV　Reference Reports

B.9　Green Operation Technology Progress in Foreign Urban

　　　Rail Transit

　　　　　Chen Shaokuan, Chen Zhexuan and Yu Pingwei / 155

Abstract: The application level of green energy-saving operation technology of urban rail transit is still uneven while it has had a rapid

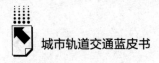

development in many Chinese cites for two decades. Some earlier opened lines generally have problems such as insignificant energy-saving effect and limited use of clean energy. This section mainly summarizes the application status and development level of green energy-saving operation technology in foreign urban rail transit from three aspects. Firstly, it summarizes the green development of typical urban rail transit in foreign countries from the perspectives of development background and objectives, development policies and standards, and development status. Secondly, it analyzes the application status of energy-saving management and green operation technology of foreign urban rail stations and lines, including lighting, escalator management and ventilation and air conditioning. Thirdly, it explores the energy-saving technology of train equipment, operation control and operation organization, supplemented by relevant application examples of foreign urban rail transit as references. Finally, the green construction suggestions of green development policy, energy saving management and green operation, train energy saving operation and operation organization are provided from the summary of above three aspects.

Keywords: Urban Rail Transit; Green Development; Energy Saving Management; Green Operation

V Experts Reports

Abstract: As an environmentally friendly mode of transportation, urban railway has been playing an indispensable role in the low-carbon transportation system. Nanjing metro takes green transformation as the main line, focus on energy conservation and emission reduction, and is propelled by a dual engine of management innovation and technological innovation. Through initiatives like digital intelligence and technological empowerment, Nanjing metro is actively engaged in traction energy conservation, smart lighting implementation, and photovoltaic power generation, continuously promoting the green development of the metro operation.

Keywords: Green Development; Urban Rail Transit; Nanjing Metro

B.11　Analysis of Key Energy Saving Issues in the Ventilation and Air Conditioning System of Metro Stations

Yang Zhuo, Li Xiaofeng / 200

Abstract: With the rapid development of urban rail transit in China, in order to guide the design and operation of ventilation and air conditioning systems more efficiently , it is necessary to analyze and summarize the key factors affecting the energy-saving of ventilation and air conditioning systems in metro stations. This article synthesizes the author's research team's years of experience in energy-saving design, debugging, testing, evaluation, and operation optimization of ventilation and air conditioning systems in metro stations, as well as the development trends of related industries. It covers aspects such as energy consumption model application, air conditioning load calculation, cold source equipment selection method, shielding door airtightness testing,

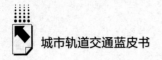

fresh air design and operation plan, energy-saving control plan, etc, Summarized the key issues affecting the energy consumption of ventilation and air conditioning systems in metro stations and proposed targeted solutions or suggestions, in order to contribute to the energy-saving and low-carbon development of ventilation and air conditioning systems in urban rail transit in China.

Keywords: Metro Station; Ventilation and Air Conditioning; Energy Saving

B.12 Analysis of Driving Factors and Carbon Reduction Benefits of Urban Public Transportation Carbon Emissions *Li Zhenyu* / 226

Abstract: Urban public transportation is the most energy-efficient and low-carbon motorized mode of urban transportation. It possesses comparative advantages in terms of efficiency, density, and low carbon emissions, which are conducive to reducing the use of private cars and are an essential path towards achieving green and low-carbon development in urban transportation. This paper first introduces the requirements of national and industry carbon peak and carbon neutrality policies for the development of urban public transportation. It briefly outlines the major achievements in the development of urban public transportation in China, analyzes the primary driving factors for carbon reduction in urban public transportation: transit modes, vehicle technology, and model split. The paper also introduces the main methods for evaluating carbon emissions in urban transportation and predicts changes in the total trips and carbon emissions intensity of urban public transportation. Utilizing a "bottom-up approach," it calculates the carbon reduction benefits generated by the development of urban public transportation.

Keywords: Public Transport; Urban Transportation; Carbon Dioxide; Carbon Reduction Benefits

B.13 Research on Energy Consumption Management and

Green Energy Saving Application of Xi'an Metro

Automatic Operation Line   *Lu Jianhong* / 242

Abstract: In June 2023, the total operating mileage of Xi'an urban rail transit has reached 301.1 kilometers, and the total power consumption of the line network has reached 73.963 million KWH. The first phase of Line 16, as the first fully automatic line in northwest China, takes "green transformation as the main line, clean energy as the direction, energy saving and carbon reduction as the focus". It is intelligent and innovation-driven to minimize energy consumption and carbon dioxide emissions. Improve energy efficiency and resource utilization and transportation efficiency; adopt clean energy to promote the conversion of energy structure; and promote coordinated development with cities and optimize green travel. This research automatic line operation energy consumption characteristics, put forward to speed up the establishment of energy saving evaluation system, deepen the energy saving design improvement and innovation, strengthen energy saving management, construction statistics and monitoring platform and energy saving Suggestions, can be applied to

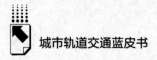
the existing lines of energy saving transformation, serve the xi'an metro line 8, 10, 15 new automatic line, strive to provide a reference for the industry peers, for the sustainable development of urban rail transit to explore new ideas of energy saving.

Keywords: Green Urban Rail; Fully Automatic Operation Line; Energy Saving Measures; Xi'an Metro

支持单位

本部蓝皮书的主要观点是根据城市轨道交通绿色运营专题调查成果提炼形成，在调查过程中，得到了以下 23 个委员单位的高质量回复，在此表示衷心的感谢！

重庆市轨道交通（集团）有限公司

上海申通地铁集团有限公司

西安市轨道交通集团有限公司

苏州轨道交通运营有限公司

石家庄市轨道交通集团有限责任公司

北京京港地铁有限公司

郑州中建深铁轨道交通有限公司

南京地铁运营有限责任公司

深圳市地铁集团有限公司

广州地铁集团有限公司

青岛地铁运营有限公司

常州地铁集团有限公司

佛山市地铁运营有限公司

合肥市轨道交通集团有限公司

洛阳市轨道交通集团有限责任公司

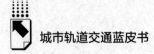
南宁轨道交通集团有限责任公司

北京市轨道交通运营管理有限公司

济南轨道交通集团有限公司

福州中电科轨道交通有限公司

重庆市铁路（集团）有限公司

温州市铁路与轨道交通投资集团有限公司

淮安市现代公共交通集团有限公司

沈阳地铁集团有限公司

权威报告·连续出版·独家资源

皮书数据库
ANNUAL REPORT(YEARBOOK)
DATABASE

分析解读当下中国发展变迁的高端智库平台

所获荣誉

- 2020年，入选全国新闻出版深度融合发展创新案例
- 2019年，入选国家新闻出版署数字出版精品遴选推荐计划
- 2016年，入选"十三五"国家重点电子出版物出版规划骨干工程
- 2013年，荣获"中国出版政府奖·网络出版物奖"提名奖
- 连续多年荣获中国数字出版博览会"数字出版·优秀品牌"奖

皮书数据库

"社科数托邦"
微信公众号

成为用户

　　登录网址www.pishu.com.cn访问皮书数据库网站或下载皮书数据库APP，通过手机号码验证或邮箱验证即可成为皮书数据库用户。

用户福利

- 已注册用户购书后可免费获赠100元皮书数据库充值卡。刮开充值卡涂层获取充值密码，登录并进入"会员中心"—"在线充值"—"充值卡充值"，充值成功即可购买和查看数据库内容。
- 用户福利最终解释权归社会科学文献出版社所有。

数据库服务热线：400-008-6695
数据库服务QQ：2475522410
数据库服务邮箱：database@ssap.cn
图书销售热线：010-59367070/7028
图书服务QQ：1265056568
图书服务邮箱：duzhe@ssap.cn

社会科学文献出版社 皮书系列
SOCIAL SCIENCES ACADEMIC PRESS (CHINA)
卡号：911278549873
密码：

S 基本子库
UB DATABASE

中国社会发展数据库（下设 12 个专题子库）

紧扣人口、政治、外交、法律、教育、医疗卫生、资源环境等 12 个社会发展领域的前沿和热点，全面整合专业著作、智库报告、学术资讯、调研数据等类型资源，帮助用户追踪中国社会发展动态、研究社会发展战略与政策、了解社会热点问题、分析社会发展趋势。

中国经济发展数据库（下设 12 专题子库）

内容涵盖宏观经济、产业经济、工业经济、农业经济、财政金融、房地产经济、城市经济、商业贸易等 12 个重点经济领域，为把握经济运行态势、洞察经济发展规律、研判经济发展趋势、进行经济调控决策提供参考和依据。

中国行业发展数据库（下设 17 个专题子库）

以中国国民经济行业分类为依据，覆盖金融业、旅游业、交通运输业、能源矿产业、制造业等 100 多个行业，跟踪分析国民经济相关行业市场运行状况和政策导向，汇集行业发展前沿资讯，为投资、从业及各种经济决策提供理论支撑和实践指导。

中国区域发展数据库（下设 4 个专题子库）

对中国特定区域内的经济、社会、文化等领域现状与发展情况进行深度分析和预测，涉及省级行政区、城市群、城市、农村等不同维度，研究层级至县及县以下行政区，为学者研究地方经济社会宏观态势、经验模式、发展案例提供支撑，为地方政府决策提供参考。

中国文化传媒数据库（下设 18 个专题子库）

内容覆盖文化产业、新闻传播、电影娱乐、文学艺术、群众文化、图书情报等 18 个重点研究领域，聚焦文化传媒领域发展前沿、热点话题、行业实践，服务用户的教学科研、文化投资、企业规划等需要。

世界经济与国际关系数据库（下设 6 个专题子库）

整合世界经济、国际政治、世界文化与科技、全球性问题、国际组织与国际法、区域研究 6 大领域研究成果，对世界经济形势、国际形势进行连续性深度分析，对年度热点问题进行专题解读，为研判全球发展趋势提供事实和数据支持。

法律声明

"皮书系列"（含蓝皮书、绿皮书、黄皮书）之品牌由社会科学文献出版社最早使用并持续至今，现已被中国图书行业所熟知。"皮书系列"的相关商标已在国家商标管理部门商标局注册，包括但不限于LOGO（🖐）、皮书、Pishu、经济蓝皮书、社会蓝皮书等。"皮书系列"图书的注册商标专用权及封面设计、版式设计的著作权均为社会科学文献出版社所有。未经社会科学文献出版社书面授权许可，任何使用与"皮书系列"图书注册商标、封面设计、版式设计相同或者近似的文字、图形或其组合的行为均系侵权行为。

经作者授权，本书的专有出版权及信息网络传播权等为社会科学文献出版社享有。未经社会科学文献出版社书面授权许可，任何就本书内容的复制、发行或以数字形式进行网络传播的行为均系侵权行为。

社会科学文献出版社将通过法律途径追究上述侵权行为的法律责任，维护自身合法权益。

欢迎社会各界人士对侵犯社会科学文献出版社上述权利的侵权行为进行举报。电话：010-59367121，电子邮箱：fawubu@ssap.cn。

社会科学文献出版社